文化创意产品设计与创意产业发展研究

吴　艨　著

北京工业大学出版社

图书在版编目（CIP）数据

文化创意产品设计与创意产业发展研究 / 吴艨著 .
— 北京 ：北京工业大学出版社，2021.12（2022.10 重印）
ISBN 978-7-5639-8211-0

Ⅰ．①文… Ⅱ．①吴… Ⅲ．①文化产品－产品设计－
研究－中国②文化产业－产业发展－研究－中国 Ⅳ．
① G124

中国版本图书馆 CIP 数据核字（2021）第 261739 号

文化创意产品设计与创意产业发展研究
WENHUA CHUANGYI CHANPIN SHEJI YU CHUANGYI CHANYE FAZHAN YANJIU

著　　者：吴　艨
责任编辑：李倩倩
封面设计：知更壹点
出版发行：北京工业大学出版社
　　　　　（北京市朝阳区平乐园 100 号　邮编：100124）
　　　　　010-67391722（传真）　　bgdcbs@sina.com
经销单位：全国各地新华书店
承印单位：三河市元兴印务有限公司
开　　本：710 毫米 ×1000 毫米　1/16
印　　张：8.5
字　　数：170 千字
版　　次：2021 年 12 月第 1 版
印　　次：2022 年 10 月第 2 次印刷
标准书号：ISBN 978-7-5639-8211-0
定　　价：60.00 元

前　言

现如今文化创意风潮席卷全球，我国因幅员辽阔，文化博大精深，经过千百年来的发展，各地区逐渐形成了独具特色的地域文化，体现在生态、民俗等方面。不同的地域文化可以展现出不同的艺术形态。

文化创意产品作为文化创意产业的重要组成部分，在一定程度上促进了文化产业的发展。文化创意产业作为我国的新兴产业，具有巨大的发展潜力，同时也成为各个国家重点关注的对象。目前，文化创意产品的设计过程中仍然存在着部分问题，影响了文化创意产业成为支柱性产业的前进道路。如何真正生产具有创造力的文化创意产品，是目前我们需要重点探讨的问题，本书就文化创意产品设计与创意产业发展进行了深入研究。

全书共七章。第一章为绪论，主要阐述了文化创意产品的界定、文化创意产品的分类、文化创意产品的功能、文化创意产品的创新要素、文化创意产业发展的条件等内容；第二章为文化创意产业的现状，主要阐述了文化创意产业的发展概况、文化创意产品的发展概况、文化创意产品设计的现状等内容；第三章为文化创意产品的设计表达，主要阐述了文化创意产品的设计元素、文化创意产品的设计原则、文化创意产品的设计思维等内容；第四章为文化创意产品设计的创新技巧，主要阐述了文化创意产品设计的步骤和文化创意产品设计的技巧与创新等内容；第五章为传统工艺在文化创意产品设计中的应用，主要阐述了大漆工艺在文化创意产品设计中的应用和金属工艺在文化创意产品设计中的应用等内容；第六章为现代文化创意产品的传播，主要阐述了文化创意产品的传播者、文化创意产品的传播内容、文化创意产品的传播媒介、文化创意产品的受传者、文化创意产品的传播效果等内容；第七章为新时代文化创意产业的发展，主要阐述了数字技术与文化创意产品的创新、移动互联网技术对文化创意产业的影响、新媒体艺术与文化创意产业的融合互动、新媒体时代文化创意产业的媒介营销趋势等内容。

　　为了确保研究内容的丰富性和多样性，笔者在写作本书过程中参考了大量理论与研究文献，在此向涉及的专家、学者表示衷心的感谢。

　　最后，限于笔者水平，加之时间仓促，本书难免存在不足之处，在此恳请读者朋友批评指正！

目　录

第一章 绪 论

随着经济全球化的不断发展，在国际市场中，世界各国（地区）以文化软实力为代表的综合实力的竞争正愈演愈烈，而作为其中的重要组成部分，以文化内容为基础、以创意思维为核心的文化创意产品设计与文化创意产业也在全球范围内迅速崛起。本章分为文化创意产品的界定、文化创意产品的分类、文化创意产品的功能、文化创意产品的创新要素、文化创意产业发展的条件五部分，主要包括文化创意产品的概念、文化创意产品的属性等内容。

第一节 文化创意产品的界定

一、文化创意产品的概念

（一）文化的概念

文化是一个非常广泛的概念，给它下一个严格和精确的定义是一件困难的事情。不少哲学家、社会学家、人类学家、历史学家和语言学家一直努力，试图从各自学科的角度来界定文化的概念。笼统地说，文化是一种社会现象，是多元化的。同时又是一种历史现象，是社会历史的积淀物。确切地说，文化是指一个国家或民族的历史地理、风土人情、传统习俗、行为方式、思维习惯、价值观念、文学艺术等，所含内容包罗万象。

1.国内文化的概念

本书中的国内文化是指中国文化，是以华夏文明为基础，充分整合全国各地域和各民族文化要素而形成的文化。不同于中华文化的国际属性，可以称之为"中国的文化"。受中华文明影响较深的东方文明体系被称为"汉文化圈"，特指社会意识形态，是社会政治、经济与科学技术发展水平的反映。中国文化不但对日本、朝鲜半岛产生过重要影响，还对越南、新加坡等东南亚、南亚国家乃至美洲地区产生了深远的影响。国内文化又存在着古代释义和现代释义。

（1）古代释义

在汉语系统中，"文化"的本义就是"以文教化"，它表示对人的性情的陶冶、品德的教养，本属精神领域之范畴。随着时间的流变和空间的转换，"文化"已成为一个内涵丰富、外延宽广的多维概念，成为众多学科探究、阐发、争鸣的对象。

（2）现代释义

一些国内学者对文化进行了深入研究，并就其定义提出了自己的看法与观点。

学者杨宪邦给文化这样下定义：文化是一个社会历史范畴，是指人类创造社会历史的发展水平、程度和质量的状态。文化的主体是社会的人，客体是整个客观世界。所谓文化不是受人的影响而自然形成的自然物，而是人在社会实践过程中认识、掌握和改造客观世界的一切物质活动和精神活动及其创造和保存的一切物质精神财富和社会制度的发展水平、程度和质量的总和与整体，它是一个有机的系统。

《辞海》是这样给文化下定义的：文化从广义的角度来说，指人类社会历史实践过程中所创造的物质财富和精神财富的总和。

中国文化学者余秋雨在博客里为文化下了定义："文化是一种精神价值以及与此相呼应的生活方式，它的最终成果是集体人格。"

陈华文在《文化学概论》一书中，给文化下的定义为："所谓文化，就是人类在存在过程中为了维护人类有序生存和持续发展所创造出来的，关于人与自然、人与社会、人与人之间各种关系的有形无形的成果。"

总的来讲，文化就是生物在其发展过程中逐步积累起来的与自身生活相关的知识或经验，是其适应自然或周围环境的体现。自然界中的任何一个生物，都有一个适应自然或其周围环境的一个过程。从这一点来说，任何一个生物都应该具备一个与之相对应的知识或经验。因此，我们所说的"文化"，严格地来讲，是"人文"的范畴。理由是当今社会中的"文化"，是以"人"为核心的。

文化的释义具体如下：第一，考古学上指同一历史时期的遗迹、遗物的综合体；第二，人类所创造的财富的总和，特指精神财富，如文学、艺术、教育、科学；第三，运用文字的能力及一般知识。

2. 国外文化的概念

（1）古代释义

"culture"（文化）一词起源于拉丁文的动词"colere"，在1690年安托万·菲雷蒂埃的《通用词典》中，其定义为"人类为使土地肥沃，种植树木和栽培植物所采取的耕耘和改良措施"，并有注释称"耕种土地是人类所从事的一切活动中最诚实、最纯洁的活动"，看来，此时西方人观念中的"文化"只是被用来隐喻人类的某种才干和能力，是表示人类某种活动形式的词汇。

而"文化"一词成为一个完整体系的表示方式，即术语，大约到19世纪中叶才形成，这以后，文化和文明常被看作同一事物的两个方面。学者们从人类学和社会学的角度探讨文化现象及其历史发展，给"什么是文化"做了许多解释，其中较有影响的观点有以下三种。

第一种是方式论，即认为文化是一定民族的生活方式，是一种并非由遗传而得来的生活方式。这里包括了人们的兴趣、爱好、风俗、习惯，强调了文化的继承性。譬如，美国著名学者鲁斯·本尼迪克特给"文化"下的定义是"文化是通过某个民族的活动而表现出来的一种思维和行动方式，一种使这个民族不同于其他任何民族的方式"。

第二种是过程论，即认为文化是人类学习和制造工具，特别是制造定型工具的过程，这里包含了人类智力和创造能力的不断进化，强调了文化的演进性。

第三种是复合论，即认为文化是作为社会的一个成员所获得的包括知识、信仰、艺术、音乐、风俗、法律以及其他种种能力的复合体，这强调了文化的熔铸性，譬如著名人类学学者泰勒这样给文化下定义：文化或者文明就是作为社会成员的人所获得的，包括知识信念、艺术、道德法则、法律、风俗以及其他能力和习惯的复杂整体。

（2）现代释义

现代英语中，"culture"的词义更广泛。牛津大学出版的《现代高级英汉双解词典》列举了以下五种含义。

①人类能力的高度发展，借训练与经验而促成的身心发展：（身体的）锻炼；（心性与精神的）修养。

②人类社会智力发展的证据：文明；文化（指艺术、建筑、科学等）。

③一个民族的智力发展状况：某一特定形式的文化。

④培养：种植；栽培；（蜂、蚕等的）饲养。

⑤细菌的培养。

以上五种含义中的第②、③两项，属于专门的术语，即一个世纪以来学术界所争执的文化定义。作为术语概念，形成于19世纪中叶。《美利坚百科全书》中的"culture"条目解释："文化作为专门术语，于19世纪中叶出现在人类学家的著作中。"

用结构功能的观点来研究文化是英国人类学的一个传统。英国人类学家拉德克利夫·布朗认为，文化是人们在相互交往中获得知识、技能、体验、观念、信仰和情操的过程。他强调，文化只有在社会结构发挥功能时才能显现出来，如果离开社会结构体系就观察不到文化。

法国人类学家克洛德·列维－斯特劳斯从行为规范和模式的角度给文化下定义。他提出："文化是一组行为模式，在一定时期流行于一群人之中……并易于与其他人群之行为模式相区别，且显示出清楚的不连续性。"英国人类学家弗思认为，文化就是社会。社会是什么，文化就是什么。他在1952年出版的《社会组织要素》一书中指出，如果认为社会是由一群具有特定生活方式的人组成的，那么文化就是生活方式。

除以上各种解释外，尚有符号说、限定说等各种说法。美国文化学家克罗伯和克拉克洪的《文化：概念和定义的批评考察》，对西方自1871年至1951年期间关于文化的160多种定义做了整理与评析，并在此基础上给文化下了一个综合性的定义：文化由外显的和内隐的行为模式构成，这种行为模式通过象征符号而获得和传递。文化代表了人类群体的显著成就；文化的核心部分是传统观念，尤其是它们所带来的价值观；文化体系一方面可以看作活动的产物，另一方面则是进一步活动的决定因素。这一文化的综合定义受到普遍的认同，有着广泛的影响。

（二）创意的概念

毋庸置疑，创意是人类的一种思维活动，是创新的意识、思想。我们平常说的想一个"点子"，出一个"主意"，有一个"想法"，如此等等，就是"创意"。

创意源于个人的创造力、个人技能和个人才华，有时候是两个人以上的思维撞击而产生的思维结果。创意就是在已经有的文化基础上进行新的创造，可让人耳目一新，为之一振。

在我国，"创意"的概念是根据英文"creative"翻译而来的，在西方国家也直译为"创造"。在柏拉图的《柏拉图文艺对话集》里就有这样的话："创作的意义是极为广泛的。无论什么东西从无到有，中间所借助的手段都是创作，所以，一切手艺人都是创作家。"事实上，在古希腊人们已经意识到，尽管世界永存，能量守恒，但是，"创造"是人类所独有的能力。

"创意"的英文是 ideas，意为"思想、意见、立意、想象、观念"等。我国把这个词翻译为"创意"；creative，在英语中是形容词，原意是"有创造力的、创造性的、产生的、引起的"等。在我国，creative 也可以翻译为"创意"；creativity，即"创造力"，有时也被翻译成"创意"。

实践层面的"创意"所涵盖的范围是比较广泛的，它包含了人类生活中的物质的、精神的全部具有创造性的行为和意识。也可以说，人类生活方方面面、每时每刻都存在着创意。

理论层面的"创意"所涵盖的范围是比较狭窄的，在这里主要从理论层面来阐述"创意"。在理论意义上，我们把创意界定为一种文化的、审美的创新和创造。创意具有以下几个特点。

一是文化性。人类的全部生活无外乎是物质生活和精神生活，这种形而下与形而上的组合构成了人类历史的全部进程。而这个进程是一种文化的延续和发展。人类为了不断地满足物质的和精神的生活需要，为了更好地生存和发展，克服了重重困难，不断地进取，而进取的每一步都源于创新。

以饮食文化和服饰文化为例，就足以证明创新的文化属性。人类从生食到熟食的进化过程，甚至再到今天的美食都是创新的结果。人类的服饰从树叶遮体到布衣甚至到今天的时尚服饰，任何一步都离不开创意。

创意的文化属性还表现在创意的本身是以文化为基础和参照系的，也就是说创意本身的手段和工具是文化的，是以文化为承载物的。

二是审美性。创意是一种意识形态行为，具有审美功能。无论是在创意的过程，还是创意的结果，都充满和体现着审美功能。审美是人类认识世界的一种特殊方式，因为审美是掺杂着认识和评价、概念和推理、意向和直觉的。在创意者进行创意的过程中，不仅有着逻辑性的思维，还包含着很大成分的形象思维，而这两种思维都必须以审美为逻辑起点。

从创意的结果看，其评价体系的目的性也就是审美的目的性。我们对一项创意的审视必须从审美的角度去评判，只有这样，才能有创意的创新性和进步性。

试想，我们的一个创意如果是落后的、没有审美价值的，那还有什么实际和实践意义呢？

三是抽象性。创意是一种超常规的思维活动，也就是一种不同于凡俗的思想和思路的创新。诸如创意中要用逆向思维、发散思维、灵感思维等超出常规和常理的思维方式进行构思和整合，甚至是显意识与潜意识的互相转化、灵感的突发等。这些都需要打破人们头脑中固有的思维定式和关于司空见惯的事物的认识框架，那么就需要我们在创意中进行抽象的创造。

四是再生性。创意的再生性是非常明显的，它的文化与审美，甚至是抽象的性质决定了它的再生性。也可以说创意的再生性是在传统的文化、审美基础上进行的再创造，使创意的结果具有创新性，这个结果就是再生的结果。

五是广泛性。从创意的主体来说，人类的所有成员都有创意，只要他生活着。从创意的领域看，人类所有的生存和生活地域及行为都是创意的结果。且不说这些宏观的创意，单就当下的文化创意历史新时期来说，我国从事文化创意的产业大军是非常广泛的，这就决定了创意的广泛性。

但是，针对目前有些创意的实践，在理论上应该厘清一些概念，具体内容如下。

一是创意与创新的概念。创意是人类的一种能力（即创新思维）的体现，它是指思想、意识或者理念的更新和创新，它是创新活动的逻辑基础和前提；而创新在创意的基础上有着更广泛的创造和更新，诸如技术层面和物质层面等的链接和延伸。

二是创意与策划的概念。策划是指围绕某一特定的问题进行构思、设计、规划、论证等一系列行为，它侧重于逻辑思维和严谨性。一般来说，策划的集合性很强并有整合性。创意虽然也具有集合性和整合性，但是它的侧重点在于创造出新的思想点和新的意义点，它更注重思维的创新和灵感的凸显。如此看来，创意注重的是各个意向间的关联和融合。创意与策划有区别又紧密相连，策划由众多的创意组合而成，而创意的独立性比较强，单元性比较强。好的创意是成功的策划的基础，好的策划也使好的创意有了严谨的框架。

（三）文化创意的概念

在众多的关于文化创意的定义里，本书选取文化学者白庆祥先生的定义，即文化创意是以知识为元素，融合多元文化、整合相关学科、利用不同载体而进行的再造与创新的文化现象。而文化创意方法，顾名思义，即完成文化创意的多种科学途径。

将文化创意归纳为一种文化现象是综观全局的精辟概括，同时，我们必须清楚，此类文化现象依附于一个全球化市场，其背后存在着一条产业链以及消费者阵营。因而，虽然它以"文化"二字开头，却在经济学、管理学、市场营销学中都占有重要席位，绝非一个单一的人文属性概念。说到底，文化创意者们经过艰苦卓绝的努力，整合所有元素的目的在于再创价值。更为重要的是，文化创意的价值包含了物质价值与精神价值两个方面，转换为更为实际的概念来表述，即一个好的文化创意会带来空前的经济效益和社会效益。

如此重要的文化创意，除却被反复强调的文化艺术，还包罗万象。经济学、营销学、统计学、心理学、法学以及其他各个专业领域的广泛知识都是成就一个有价值的文化创意的相关元素。文化创意绝非横空出世，它的成功需要理性和感性的绝妙配合。感性内容包括创意主体对文化的个体领悟、对所采用元素的个人选择方式等，而理性内容除包含上述众多学科的背景知识外，还包括文化创意方法论。

文化创意旨在通过新设计、新创意、新技术、新思路，创造新的物质世界，提高人类生活水平，促进人类发展。

（四）文化产品与产品文化的概念

关于文化产品，广义的文化产品是指人类创造的一切提供给社会的可见产品，既包括物质产品，又包括精神产品；狭义的文化产品专指精神产品，纯粹实用的生产工具、生活器具、能源材料等，一般不称为文化产品。

产品文化是指以企业生产的产品为载体，反映企业物质及精神追求的各种文化要素的总和，是产品价值、使用价值和文化附加值的统一，又是一类消费者群体在某段时期内对某种产品所蕴含的特有个性的定位。

产品文化主要包括三个内容：一是指人们对产品的理解和产品的整体形象；二是与产品文化直接相关的产品质量与质量意识；三是指产品设计中的文化因素。当消费者接触产品时，首先打动消费者的就是产品的整体形象。有时，这种整体形象对产品的命运起着决定作用。

品牌文化是指品牌本身的文化，而产品文化则是指与产品特性相关的文化。从二者的差异来看，产品文化很容易被竞争对手效仿，而品牌本身的文化则为企业所固有，竞争对手很难利用和模仿，只要你的品牌进行过规范的商标注册，那么品牌就受到法律的保护，品牌文化也就受到了保护。另外，产品的价值是由品牌价值和产品价值组成的，产品的价值是固定的，而只有品牌价值才是真正的附加值。

（五）文化创意产品的基本概念

20 世纪 80 年代英国文化创意经济的发展带动了文化产业的发展，慢慢衍生出文化创意产品。很多专家、学者对文化创意产品作出了概念界定。比如有学者认为文化创意产品包含两个相互依存的部分：文化创意内容与硬件载体。文化创意产品是伴随着人创造物品的行为产生的。在此过程中，设计师巧妙利用生活中的物品，结合生活中的文化元素，分析时代特点和大众喜好，运用设计美学原理对日常用品进行艺术化的创造，使产品具有趣味性和文化性。简单地说，文化创意产品就是文化、创意与产品融合的产物。

除了能体现丰富的文化内涵外，文化创意产品的"创意"才是其与普通文化产品最大的不同。习近平总书记曾发表讲话，强调"坚定不移创新创新再创新，加快创新型国家建设步伐"，足见我国对于建设创新型国家的决心。文化创意产品虽小，但往往成系列或系统，对于整个文化创意产业的发展具有极大的推进作用。

文化创意产品的创意一般体现在外在形式和内在含义上，以区别于传统文化产品。在外形上，如使用新型材料、简化复杂的传统图案或是结合西方设计元素重构中式纹样等都是常用的方式。另外，一些创新体现在形式创新上。例如，一般的明信片产品都是长方形的标准比例，但其实国家邮政部门对于明信片的形状、材质并没有限制，只要是合理的，并且贴上足够的邮票就可以邮寄。因而诞生了一些异形明信片及特殊纸张或木质明信片。

二、文化创意产品的属性

（一）不确定性

文化创意产品的生产制作不同于一般传统产品，这使文化创意产品的价值和使用价值具有不确定性。

文化创意产品的价值更多依赖于消费者个人的精神和文化偏好，不同的需求偏好者对同一个文化创意产品可能会从不同的需求角度出发，对其文化价值、艺术价值、娱乐价值或者是商业开发价值做出不同的价值评价，而且只有在认同这种文化创意商品的价值之后，消费者才会做出购买决定。这种依照消费者主观标准对文化创意产品进行评价的特点，使文化创意产品的价值具有不确定性。

另外，文化创意产品的使用价值具有潜在性和不确定性。文化创意产品的内涵是文化资源与创意结合的非物化形态的观念、内容、符号。消费者购买文化创意产品是因为其具有审美价值、愉悦功能等，满足的是消费者精神层面的需求。如对一部电影的观赏，从观赏过程中可以直接得到精神上的满足感或视觉上的愉悦等。而对一部电影的版权使用是看不见、摸不着的，该电影版权本身并不具有任何价值，可以说它们的使用价值是潜在的，电影的使用价值只有通过版权交易、电影的发行才能体现。因此，文化创意产品的使用价值是潜在的、不确定的。

（二）高知识性

文化创意产品具有高知识性。它是将人文、艺术进行创造性融合的生活美学，同时将人对于文化的理解以及头脑中所存储的知识映射于某一产业并表现在具象的产品中。

第二节　文化创意产品的分类

一、从文化创意产品的形态来划分

从文化创意产品的形态来划分，一般可以分为有形和无形文化创意产品两大类。

（一）有形文化创意产品

有形文化创意产品是指借助于物质载体形成的既有物质形态又有文化符号的创意商品，如设计图纸、书刊、报纸、图画、雕塑、唱片、音像磁带、照片、电影拷贝、手稿、讲稿、电脑软件等。它直接为社会提供多姿多彩的消费品，并构成劳动再生产所必需的享受资料与发展资料，成为社会总产品的组成部分。

（二）无形文化创意产品

无形文化创意产品是指直接为社会提供服务的创意服务等，如咨询服务、演出服务、教学服务等。创意服务通过把各种各样的事物作为符号加以利用，使其具有某种象征意义，受到消费者的认同，从而具备商品的属性。它可以作为商品进入市场流通，并转化为生产力，使用户获得经济效益。

二、从文化创意产业群层面来划分

从文化创意产业群层面来划分，文化创意产品可以分为原创类文化创意产品、运作类文化创意产品和延伸类文化创意产品。

（一）原创类文化创意产品

所谓原创类文化创意产品是指处于文化创意产业核心地位，与出版业、报业、电影业、广电业、文艺演出业、动漫产业等相结合的文化创意产品。内容性、新颖性、文化性、奇特性是原创类文化创意产品的主要特征。比如创意与电影创作结合，便生成了电影业原创类文化创意产品。好莱坞著名导演史蒂芬·斯皮尔伯格拍摄的《侏罗纪公园》就是典型的原创类文化创意产品，影片将社会百态与科幻现象相结合，创下了当时的票房纪录。超级多媒体梦幻剧《ERA—时空之旅》，深入挖掘和利用中国特别是江南特有的民族艺术元素，综合杂技、音乐、舞蹈、武术等，以时空交错为表现手法，艺术化地展现了中华民族的悠久历史、灿烂文明。该剧自 2005 年 9 月 27 日在上海马戏城首演以来，票房净收入超过 1 亿元。该剧已成为上海城市文化新名片和都市旅游新景观剧目。

（二）运作类文化创意产品

所谓运作类文化创意产品是指创意融入已有产业中并处于文化创意产业群运作层面的文化创意产品。运作类文化创意产品融入的产业有音像业、计算机和软件业、工业设计业、建筑设计业、服装设计业、广告业、旅游业、互联网业等。创意的转移性和创意的生命周期性是运作类文化创意产品的主要特征。创意的转移性是指创意一旦嫁接产业，即不再对创意进行深化，而是注重与产业融合的形式。比如，"分众传媒"的楼宇网络广告形式，就是创意转移至广告形式的典型说明。创意一旦转移成功，即开始了文化创意产品的生命周期。文化创意产品的生命周期与一般产品的生命周期相同，也经历导入期、成长期、成熟期、衰退期。其生命周期的长短取决于市场同类产品的出现和新创意的生成时间。

（三）延伸类文化创意产品

所谓延伸类文化创意产品是指处于文化创意产业群边缘，与服装业、体育娱乐业、会展业、工艺品、商业服务业等相结合的创意产品。这类产品往往处于产业链的末端，其创意含量相对于原创类和运作类文化创意产品来说要少，但其生命周期比较长，而且其门类之多也是原创类和运作类文化创意产品所不能比拟的。如美国迪士尼，其延伸产品涉及很多行业，有服装业、玩具业、工艺品、娱乐业、图书、电子游戏等。值得注意的是，运作类和延伸类文化创意产品有时又是交叉的，即运作类文化创意产品具有延伸性，而延伸类文化创意产品具有运作性。

从文化创意产业群层面进行划分的原创类文化创意产品、运作类文化创意产品和延伸类文化创意产品，其创意含量逐渐变小，而生命周期逐渐变长，操作性特征亦愈加明显。因而，文化创意产品的生成主要还是集中在原创类文化创意产品中。

三、从文化创意产品的载体来划分

按照产品载体可将文化创意产品分为衣、食、住、行、用五类，下面主要介绍前三类。

（一）衣——服装及配饰

简单讲，服饰的作用不再仅仅是遮羞、防寒保暖等，逐渐演变为能够装点生活、愉悦心情、彰显社会层次等，服饰成了一类重要的能够承载文化的载体。就"衣"这部分来讲可以分为服装和配饰两大类。例如，我国自清代延续至今的旗袍，从颜色、材质、图案到裁剪无一不将文化融入其中。

（二）食——饮食及器皿

衣能蔽体，之后便是食能果腹，就"食"这部分而言，大致可认定其包含了饮食以及器皿两类。从饮食角度来讨论，例如，故宫推出的"朕的心意系列"——海错识物曲奇饼干，便是用现代的方式表达对传统文化的敬意。将乾隆钟爱的海错图与现代甜点融合，拥有现代审美的设计理念，传承传统，更重创新。

（三）住——家居及摆件

伴随国民经济水平不断攀升，消费群体对于家居以及摆件的需求不再仅停留于功能性，而将关注重点逐渐转向产品所蕴含的文化、表现出的创意性以及风格等。由此一系列兼具文化内涵、情感以及独特设计的文化创意产品应运而生。例如，大英博物馆出品的"罗塞塔石碑"抱枕，其上的文字给使用者带来了神秘感与趣味性，赋予了抱枕更多的文化内涵，除此之外还有故宫博物院出品的海错图装饰画。另外，其品类还可以扩展到灯具、椅子、书架等。

四、从文化创意产品的设计对象来划分

文化创意产品其实是一个比较广泛的概念，目前，国内外对于其内涵和外延的界定仍有许多的差异，文化创意产品的分类方式也是多样的。从产品的设计对象来划分，可以将文化创意产品分为旅游纪念品、艺术衍生品、生活美学产品、活动与展会文创、企业与品牌文创。

（一）旅游纪念品

简单来说，旅游纪念品就是游客在旅游过程中购买的富有当地特色的礼品，有人说旅游纪念品是一座城市的名片，代表着城市的形象和缩影，常见的旅游纪念品主要是博物馆和观光景点所设计的文化创意产品。

（二）艺术衍生品

艺术衍生品，顾名思义，是根据艺术品本身而衍生出的商品，它来源于艺术品，却比艺术品更大众化和普及化。艺术衍生品作为艺术品的消费形式，它的出售让普通大众不再受原作所有权的限制，获得了消费艺术的能力，提升了人们的生活品质，也更利于艺术的发展和传播。

（三）生活美学产品

生活美学，即为生活立美之心，它是现代人在物质需求基本满足的情况下所产生的一种精神需求。人们主要是通过对生活的观察，把自己对生活方式的理解渗透到产品的细节中，从而创造出美好的甚至是引领生活方式的产品的。

（四）活动与展会文创

活动与展会文创是指为展会、论坛、庆典、博览会、运动会等设计的文化创意产品，这类产品有较强的纪念价值，但时效性短，往往会随着活动的截止而停止生产和售卖。

（五）企业与品牌文创

企业与品牌文创是根据企业与品牌的需要所设计的文化创意产品，它们主要用于展示和丰富企业文化等。目前，品牌联名也是品牌与品牌之间非常流行的合作方式，它可以丰富品牌和产品的形象与风格，带给消费者更多的刺激和选择。

五、从文化创意产品的文化属性来划分

在文化创意产品的内涵中最重要、最具标志性的方面是产品的"文化"属性，它是文化创意产品区别于传统产品的本质特点。根据产品的属性，文化创意产品大致可分为以下几类。

（一）自然类文化创意产品

自然类文化创意产品直接来自自然资源，经过简单加工后直接进入流通环节，具有一定的文化价值、观赏价值、收藏价值和纪念价值。这类产品由于受到较大的自然环境的影响，数量稀少且品相也各不相同。自然类文化创意产品由于受人们主观意识影响较小，严格来说不应归为文化创意产品范畴，但是，其由于受到历史文化和人文因素的影响，原生态自然类产品被人们赋予了一些文化意义，因此属于文化创意产品里较特殊的一类。

（二）工艺类文化创意产品

工艺类文化创意产品主要以手工生产为主，大体上可分为手工艺产品和工艺美术品两大类。传统的手工技法是技艺的体现，较为典型的有陶瓷、木雕、石雕、刺绣、漆器、玉石、泥塑等。随着科技的进步，现代化的制作技法和新材料被大量运用在手工艺产品上面，从而形成了具有现代化气息的工艺类文化创意产品。

（三）设计类文化创意产品

设计类文化创意产品是将文化与设计进行有机结合的产品，设计师把线条、颜色、形状等元素进行整理提炼，运用二维或三维的形态展现方式，依靠先进的生产技术与设计理念，进行批量生产，具有一定的实用性和现代感。

（四）艺术衍生类文化创意产品

艺术衍生类文化创意产品是设计类文化创意产品延展开的一个门类，它主要依托中国传统文化、西方古典文化等相关领域的艺术作品，其核心是将艺术作品进行商业化推广。

六、从创意与不同领域的融合来划分

文化创意产业通过分散的个体劳动、简单协作的集体劳动和社会结合劳动来组织生产，由此产生了文化创意产品。从创意与不同领域的融合来划分，文化创意产品可分为艺术性文化创意产品和经济性文化创意产品两类。

（一）艺术性文化创意产品

所谓艺术性文化创意产品，是指存在于文化产业领域中的文化作品。艺术性文化创意产品是文化产业化的核心，其创作者往往是来自文化领域（文学艺术、视觉艺术、传媒艺术、表演艺术等）的艺术家们。这些作品包括小说、画、话剧表演等。

（二）经济性文化创意产品

所谓经济性文化创意产品，是指将创意元素融入传统产业生产过程而出现的产品。创意元素的植入，极大地提高了产品的附加值，增强了产品的市场竞争能力。这类产品具有新颖性、奇特性、高附加值性等特点。

在这类产品中，产品的物理价值无法避免地构成价格的一部分，但是其所占的比例随着创意元素的植入而变得越来越少。如在全国甚至全世界都盛行的体验旅游，一改传统旅游的单一观景，演变为观景＋互动的情景旅游和体验旅游。

第三节　文化创意产品的功能

一、美育和教化功能

文化创意产品承载着美育和教化功能，可以引导受众在使用产品时，身临其境地融入其文化氛围。一些文化创意产品是受众们进行实地参观、游览、学习之后购买的，那么它们就是受众们在实地参观之后的延伸。在展览或学习结束后，受众们还可将这种氛围延伸到家庭和生活中，传达给亲友。值得一提的是，一部分文化创意产品所面向的受众是少年儿童，无论购买者是成人还是儿童，最终文化创意产品的美育和教化功能都会在青少年的身上得以呈现，这具有更加深远的意义。一些文化创意产品还被设计为"材料包"，引导受众按照产品中附带的教程，在原材料或半成品的基础上亲手制作完成，不同于常规的教科书，更体现了"寓教于乐"的概念。

二、满足用户文化需求的功能

文化创意产品不同于一般的产品，蕴含着文化附加值，具有多重功能属性，其中最为重要的是文化内涵，这使得文化创意产品可满足用户的一些文化需求，这也是文化创意产品和其他产品相比最大的区别。其中的功能性也是不可少的，在具备文化内涵的前提下，受众们更倾向购买实用的产品。此外，产品创意也非常关键，这并不只是和文化有关的一件产品，而需要在文化的基础上，加入奇思妙想，融入创意，使文化性与商品性达到浑然一体的境地。在理想化的状态下，设计师为情怀而设计文化创意产品，消费者因情怀而消费文化创意产品。

目前国内的文化创意产品设计尚处于不成熟的起步阶段，但亦有一些富有文化内涵的设计崭露头角。例如，苏州博物馆曾为"衡山仰止——吴门画派之文徵明特展"设计出独具文化内涵的系列文化创意产品"衡山杯"。

文徵明号"衡山"，故此杯身如一枚"衡山"印鉴；杯身色泽质地模仿北宋汝窑瓷器风格；杯底有"衡山"之朱文印，凹下之处被施以红釉。这一系列文化创意产品还包括"文衡山先生手植藤种子"，这源自苏州博物馆的文徵明手植藤，博物馆对其进行包装和再设计，将藤赋予"文脉"含义，种子更是传承的象征。此类思路的文化创意产品不但具有实用功能，而且注重文化内涵与情怀。

文化创意产品有很强的社会作用，它和非物质文化遗产一样，具备一定的文化基因，这在增强文化自觉性和提升民族自豪感方面亦有促进作用。对于一些陷入困境的企业和产业，以及一些濒临消亡的工艺品种，优秀的文化创意往往有着雪中送炭、起死回生之效。台湾云林县兴隆毛巾观光工厂产品策划设计就是典型的转型案例，属于"产业文创化"的概念。该工厂原本状况堪忧，后来根据策划方案，设计师对毛巾的造型进行了特别的设计，销售量随之大幅增长。最具趣味的是包装捆扎成蛋糕和冰激凌造型的毛巾。这家工厂在文化创意产业方面的思路已经不止于常规毛巾的生产，还包括邀请游客们参观工厂中的毛巾制作车间等，开放性的设计理念独特有趣，使产品附加值大大提升。

文化创意产品体现了"文化＋创意"，二者的结合对于经济发展具有推动作用，它可以辐射多个产业，以其典型特征推动区域经济的发展，对于传统行业转型有着重要的启示，更可以使消费者产生具有文化性的消费行为，借此提升国人对于本土文化的认知。文化创意产品的功能远不仅仅是当下人们目之所及的部分，它的高附加值、高知识性更体现在文化与高新技术进行融合后所具备的新功能上，精准恰当的切入点和设计策划会使文化创意产品在各方面的附加价值都超出传统产品，达到"一加一大于二"的效果。

第四节　文化创意产品的创新要素

从文化创意产品的定义可知，创新是文化创意产品的灵魂，在文化创意产品设计活动中处于核心地位。当下，我国的文化市场竞争日益激烈，企业要想脱颖而出取得竞争优势就必须为文化创意产品设计注入创造力，这就要求设计者有很高的创造才能，在面对同样的文化资源时，能有耳目一新的产品设计。对于文化创意产品的创新要素，按创意点的角度，可以从造型创新、功能创新、色彩创新、结构创新、材料创新这五个方面进行研究。

第一，造型创新。由于采用的文化元素不同，文化创意产品设计在造型方面可以有很大的差异，因此将不同的文化元素运用在文化创意产品设计中，可以使文化创意产品的造型丰富多彩，并且可以通过造型创新来表现不同的文化元素。

第二，功能创新。文化创意产品不仅可以在造型上有所创新，还可以在功能方面进行创新，一件产品的功能一般来说不是单一的，它有实用功能的同时也能兼具审美功能，合理安排产品的功能创新是文化创意产品设计中的关键一环。

第三，色彩创新。色彩是最有表现力的要素之一，它可以影响人的情绪和健康，例如，暖色系能使人心情舒畅，产生兴奋感；冷色系则使人感到清静，甚至有点忧郁。在文化创意产品设计中，色彩关乎设计者对产品由内而外的审美观念，良好的色彩搭配不但可以带给人不同的心理感受，而且可以让文化创意产品变得更别出心裁。

第四，结构创新。结构决定产品的功能，只有在结构方面进行创新，才能让产品具有更多的功能，文化创意产品在结构方面的创新设计能够体现出产品的结构美感。

第五，材料创新。文化创意产品设计的涉及面非常广泛，运用的材料也多种多样，每种材料的性能都是不一样的。随着现代科学技术的日趋进步，材料也在不断推陈出新，借此文化创意产品设计可以尝试使用新材料、新工艺，会有别样的视觉效果。

从文化创意产品的创新要素来看，产品创新是文化创意产品设计的目的和手段，是文化创意设计者关注的焦点。故宫文化创意产品为什么能够成为"网红"，就是因为用年轻化、时尚化的创新设计来表达传统文化，得到了人们的喜爱和追捧。因此加大文化创意产品创新力度，是我国文化事业发展的必经之路。

第五节　文化创意产业发展的条件

一、较高的经济发展水平是文化创意产业发展的前提

文化创意产业的发展是以国民经济的充分发展为前提的。因为，文化创意产业的消费者面向整个社会，而不仅仅是一部分人。同时，文化创意产业所在区域的消费市场是和当地的经济发展水平息息相关的，区域经济发展水平越高，消费能力越强，越能刺激文化创意产业的发展。改革开放以来，中国经济飞速发展，催生了文化创意产业，反过来文化创意产业又进一步促进了国民经济的良性循环。发展文化创意产业，必须以市场和消费者为导向，只有这样，文化创意产业才能得到长远发展。

二、良好的政策和法律环境是文化创意产业发展的保障

我国文化创意产业起步较晚。近几年，在一些致力于研究文化创意产业的学

者和专家的倡导下，政府和有关部门对文化创意产业的发展给予了高度的重视，政府资金投入力度逐年加大，很多发达省市都陆续规划和建设了文化创意产业带和文化创意产业园区，有效地促进了"集聚效应"的产生。这是中国发展创意经济的良好开端，也是中国的文化创意产业在发展过程中形成的一大特色。

从一般意义上来说，知识产权的保护问题事关文化创意产业的后续发展，要想提高创意人才的积极性，促使文化创意成果不断增加，必须完善相关立法、培养公众版权意识、健全知识产权保护制度，加大对盗版侵权行为的打击力度，只有形成了有利于文化创意产业发展的政策制度和法律环境时，才能真正形成文化创造热情高涨、文化创造力涌流的大好局面。

三、市场化的交易平台和手段是文化创意产业发展的动力

市场化是文化创意产业的重要特性，发展这一产业的最终目的是开拓新的市场增长点，推动经济的发展。因此，创意产业的发展不能仅仅依靠政策支持，还必须有市场化的交易平台和手段。

目前，我国文化创意产业既是市场不成熟、需求不稳定、产业链尚不完整的风险产业，又是有效需求高速增长、市场前景十分广阔、经济效益非常诱人的朝阳产业。正是具有如上的这种特点，文化创意产业才需要一个良好的发展环境、高效的政策支持机制、相互接驳的产业链条和一个高度市场化的交易平台。

在经济全球化的背景下，文化创意产业的竞争最终是国际性的，在这一点上发达国家的文化创意产业已经延伸到世界的各个地区，就是最好的证明。

四、人才培养和教育是文化创意产业发展的源泉

文化创意产业的发展离不开文化创意阶层的兴起，人才资源是第一资源，建立起合理高效的人才培养、选拔、使用和流动机制，能有效促进文化创意产业的发展。

时下，文化创意产业正由消费驱动型向创意驱动型转变，文化创意人才的培养问题更加突出。事实上，几乎所有的具有长久生命力的世界著名企业都是依靠创新型人才发展起来的，并且，多数著名企业家都是富有文化创意才能、推崇文化创意的企业家。据统计，从事诸如广告、建筑、软件、电视和电影等创造性文化产业工作的人，大多是受过高等教育的复合型高级人才。可见，文化创意人才是推动文化创意产业发展的强大动力，该类人才的培养是建立在教育高度发展的

基础之上的，因此要大力推进企业自我培训、职业教育及合作教育，培养实用人才和稀缺专业人才，同时要重点培养一批文化中介服务方面的专业人才，转变人才培养理念，支持合作办学，对人才的培养既要面向市场需求，又要面向未来。

五、对文化产品的消费需求是文化创意产业发展的基础

居民对文化产品的消费能力是文化创意产业发展的内在动力。文化产品属于高收入弹性的精神消费品，一个国家居民的收入水平和消费能力决定了文化产品的市场潜力。创意经济大师约翰·霍金斯断言，当人均 GDP 达到 8000 美元时，社会的产业分工将发生明显变化，创意产业的比重将迅速上升。联合国教科文组织的数据显示，一国国民收入水平与文化产品的消费量有密切的正相关关系，与该国文化产业竞争力也呈正相关关系。

除了国民收入水平，同样重要的是收入所呈现的分布情况，它决定了包含不同层次艺术价值的文化产品的消费群体，以及消费能力。当前，我国国民收入的平均水平还比较低，对文化产品特别是上档次的文化产品的消费能力还比较低；收入的水平一直是城市居民高于农民，东部地区居民的收入水平高于西部地区，因此东部城市居民对于文化产品的需求要远远高于西部、高于农村。尽管改革开放之后，我国的经济取得了长足的发展进步，人们的精神文化需求大大增长，文化创意产业的发展有一定的市场消费空间，但收入差距的扩大也将导致文化产品市场流动的不平衡，极大限制了文化创意产业的健康发展。因此，千方百计增加国民收入，努力公平分配收入，才能有效地刺激文化产品的消费需求，产业链的发展也才能流畅。

六、科学技术水平是文化创意产业发展的支撑要素

文化创意产业在全球范围的出现与现代科技的高速发展是密不可分的。首先，现代科技的高速发展提升了人们的生活水平和生活质量，精神性的消费需求得以大量地释放。其次，文化的产业化发展必须建立在信息科技高速发展的基础上，比如大众传媒技术的广泛运用和发展。信息技术一方面提供了文化得以产业化发展的手段，另一方面，大众传媒的发达也激起了文化的大众化消费热潮，进一步刺激了消费。最后，高度个性化的文化创意产业领域，一方面需要多样性的文化资源和文化想象力，另一方面也高度依赖于现代电子信息技术手段，只有在虚拟

的空间里，才能真正比较自由地实现"没有做不到，只有想不到"的个性创意境界，虚拟技术的普及，正好与个性化的消费时代合拍，真正实现了个人生产、个人沟通、个人消费的三位一体。

由此，我们也就不难理解，为什么有些富有创意的网络作品能够引发影响广泛的网络热潮。类似的例子很多，如超级女声现象、网络歌曲创造的巨大产值等。在这些看似以内容取胜的例子中，其实背后都离不开高新科技的支撑。

第二章　文化创意产业的现状

本章分为文化创意产业的发展概况、文化创意产品的发展概况、文化创意产品设计的现状三个部分。主要包括国外文化创意产业发展概况、国内文化创意产业发展现状、发展文化创意产业的合理路径等内容。

第一节　文化创意产业的发展概况

一、国外文化创意产业发展概况

在美国，文化创意产业是当今这个国家最大、最富有活力并能带来巨大收益的产业。美国的文化创意产品出口量已经超过了服饰、汽车、计算机等。英国的文化创意产业是仅次于金融服务业的第二大产业，文化创意产业就业人口位居各产业之首。文化创意产业是朝阳产业，已经成为当今发达国家重点扶持的产业。欧美日等发达国家和地区的文化创意产业已经成长为其最大的产业之一，甚至文化创意产业中一个国际传媒公司每年的产值就相当于一个中等国家的 GDP。目前，在经济全球化背景下，创意立国已成为世界性潮流，文化创意产业已成为影响经济发展的主要动力之一。

（一）欧洲文化创意产业发展概况

1. 欧洲文化创意产业发展特征

欧洲有着丰富深厚的文化遗产，同时，欧洲也是现代资本主义的发源地。这些文化和经济的特征使欧洲成为文化创意产业的发源地。欧洲文化创意产业的发展与欧洲的一体化进程有着密切的联系。

英国、法国、德国等是有着不同文化传统的老牌资本主义国家，在欧盟统一政策的框架中，各国在保持各自差异化的文化与经济发展优势的同时，不断努力寻求文化的一致性和市场的统一性，致力于发扬欧洲的文化，增强欧洲经济的竞争力，以抵制美国的文化与经济侵占。欧洲已经成为高度一体化的联盟，这是欧洲文化创意产业发展的基本前提。

欧盟的文化创意产业相关政策对于欧洲各国文化创意产业的发展具有深刻影响，同时对于全球的文化创意产业格局也有着深远的影响。

2.英国——公共政策推动产业发展

英国是全球最早提出"创意产业"概念的国家。在英国，文化创意产业被称作"创意产业"，强调创意在产业发展过程中的重要地位。英国创意产业的规模与金融业相当，是英国经济最具活力的组成部分。在国家政策的扶持下，创意产业已经成为英国国民经济各行业中增长速度最快的一个产业，并且始终高于同期经济增长的平均速度。英国伦敦地区和东南部地区创意产业相对发达，与新媒体相关的行业发展迅速。

英国政府历来高度重视创意产业的发展，通过制定相关的政策对产业发展起到积极的引导作用，旨在将英国发展成创意产业大国。从其发展历程和经验来看，英国创意产业的特点主要表现在发展理念、政策制定原则和扶持方式等方面，并呈现出了强调创意经济、数字化和创意人才培养等发展趋势，这对于创意产业后起国家具有较强的指导意义。具体表现在四个方面。

（1）管理部门职责明确

英国文化创意产业的管理部门的职责十分明确。从已有的文献资料来看，英国创意产业的管理体制主要分为中央政府的管理与地方政府和非政府部门的管理，中央政府的管理主要是从纵向上实现垂直一体化管理，地方政府的管理主要是从横向上实现水平化管理。

英国"文体部"是对创意产业进行管理和指导的核心部门，与此同时，非政府公共文化机构和地方行政部门也承担重要的管理工作，发挥着相应的职能。与英国政治体制一脉相承，政府在文化创意产业的管理上始终保持着管理有度、适当分权、严松兼备的基本原则，通过制定各类有利于产业成长和发展的规划和法律，对创意产业的发展全局加以规划，对发展方向予以引导。

（2）发挥从业个体的主动性

英国政府通过政策支持，注重发挥从业个体的主动性。从实际情况来看，英国政府对文化的立场是不办文化，只管文化，对文化创意产业的立场是不直接参与产业发展，只靠政策推动创意产业发展。英国政府推动文化创意产业发展的资金来源采用"三三制"的基本方式，即全国资金的三分之一投入来自政府，三分之一来自社会资金，如国家彩票和社会捐助等。"三三制"的基本方式充分调动了参与个体的积极性和主动性，在给参与主体提供发展空间与条件的同时，又给他们留有一定的压力和适度的风险。这种"有保有压、管理有度"的政策引导方式，迫使各参与主体必须积极主动地寻找机遇、挖掘资源、开拓市场，充分发挥主观能动性，为自身的发展创造优于竞争对手的机会和条件，将扶持政策和投入资本的使用效率得到很好的发挥。

（3）重视创意人才的培养

英国政府也高度重视创意人才的培养，从而为产业发展提供持久动力。根据文化创意产业的内涵可知，创意产业是典型的人才密集型产业。英国政府充分意识到了这一点，也看到了该产业对英国经济增长、社会发展和文化生活所能做出的重要贡献，更发现了其在刺激经济领域创新上的重要作用。因此，针对创意产业对创意型、创新型人才要求较高的特点，英国"文体部"和其他政府部门多次发布创意人才报告，对英国的实际情况进行客观分析，找到改进和提升的空间，并据此制定具有针对性的人才培养规划，从而为英国创意产业长远发展提供了持续的动力。英国政府对创意人才培养的重视及其制定的系统的人才发展规划，是非常值得后起国家学习和借鉴的。

（4）发挥地方优势

在创意产业发展的过程中，英国也特别重视将解决现实问题与发挥地方优势相结合，以达到相互促进、共同发展的良性态势。

英国伦敦苏活区和曼彻斯特的创意产业，在最初的时候是工业遗产和文化艺术相结合的产物。经过多年工业化的发展，英国的经济、社会等各个方面都已经进入了相对稳定的阶段，部分工业区甚至出现了一定的衰败。

面对这种情形，英国政府充分发挥自身的文化艺术优势，大力倡导创意对经济发展的巨大推动作用，将文化艺术和工业相结合，促进二者协调发展。此举不仅打破了部分地区经济衰落的局面，也让自身的文化创意优势得到了很好的发挥，实现了共同繁荣。

（二）北美文化创意产业发展概况

1.北美文化创意产业发展的基本特征

美国和加拿大都是发达的资本主义国家，二者在文化上息息相关，在地理上紧密相邻，在经济上高度依存。在《北美自由贸易协定》的框架下，二者形成了密切的伙伴关系。在文化创意产业的发展方面，彼此语言一致，市场相通，巨大的经济总量使得北美地区成为国际上文化创意产业较发达的地区之一。

（1）一枝独秀

美国无疑是北美地区文化创意产业发展的核心。文化创意产业具有"赢者通吃"的经济特征，即占有市场份额最大的企业最有竞争力，因为这样的企业可以制定技术标准与市场规则，在文化创意产品的制作营销方面占有绝对优势。因此，北美自由贸易区形成后，收益最大的也是美国。在好莱坞的电影票房统计体系中，"国内"票房指的是美国本土和加拿大的电影票房。美国职业篮球联赛（NBA）已经成为全球最赚钱也是最有影响力的文化娱乐产品，加拿大最大的城市多伦多就是美国职业篮球联赛的加盟者。

（2）小政府，大社会

总体来看，美国和加拿大都是信奉自由主义市场经济的国家，政府对于社会的干涉较少，在文化创意产业方面同样如此，政府"无为而治"的特点相对比较突出。政府主要是通过立法来规范和引导文化创意产业的发展的，产业发展的主体是企业，由市场主导文化创意产业的发展。

2. 美国——版权管理规范市场环境

（1）注重版权保护，消除出口障碍

美国将文化创意产业称为"版权产业"，其分类方法简单高效。版权产业共分为四个大类，即核心版权产业、相互依赖性版权产业、部分性版权产业、非专门支撑性版权产业。从 1996 年起，美国文化创意产业的产品行销全球，出口势头迅猛，其中影视业和软件业的发展尤为明显。版权产业十分注重知识产权的保护问题。美国政府在扶持文化创意产业发展过程中，建立了完善的知识产权保护法，促成了美国文化创意产业的蓬勃发展。美国政府在全世界最早颁布实施了《版权法》。

随着科技的进步，美国又根据新兴产业发展状态，颁布了《半导体芯片保护法》等一系列版权保护法律，如今已经形成了全球范围内法律条文最为完备的版权法律体系。

此外，美国政府还推动版权国际合作，为美国版权产品和产业在海外提供保护，除了加入为版权提供双边保护的《伯尔尼公约》外，还通过关贸总协定形成了 TRIPS 协议，即《与贸易有关的知识产权协议》，为美国文化产品出口国际市场提供了法律环境。

（2）尊重市场规律，规范市场竞争

相比英国政府对文化创意产业进行管理，美国政府充当了"守夜人"的角色，只专注于制定完善的法律法规和宏观层面的总体设计，不干预产业的发展，并没有类似他国促进产业发展的资金补贴等政策。尊重市场规律，由企业和个人决定生产活动，只有当市场中个别企业规模庞大、出现垄断时，政府会运用反托拉斯法等限制垄断，保障行业自由发展。

（3）推动跨界融合，增强产业辐射

由于美国经济发达和技术先进，美国版权产业具有鲜明的高科技化和全球化特征，美国的好莱坞、迪士尼等文化创意产业早已走向世界，成为能够代表美国文化的符号。

在电影制造中，这些文化企业使用先进的声、光、电技术，使观众身临其境，视听和动感相结合，以此达到逼真刺激的效果。

在主题公园中，将用科技营造的声、光、电效果融入舞台剧表演中，从来源于生活的表演行为中打造超越现实的梦幻世界，能够让受众更为真切地体验到科技进步带给人们的巨大震撼，展现出了文化与科技相结合的独特魅力。

（三）东亚文化创意产业发展概况

东亚地区有着非常深厚的文化传统，在最近半个多世纪以来，东亚地区的经济发展迅猛，出现了"亚洲四小龙"的经济快速增长奇迹。东亚地区的文化创意产业发展非常迅速，经济规模和影响力不断提升，形成了具有特色的文化创意产业发展模式。

1. 东亚地区文化创意产业的发展特征

文化创意产业是一种文化与经济、科技高度融合的新兴产业类型，它的发展状况受到政治、文化以及经济与科技发展等诸多因素的制约。作为一种产业，它的发展尤其受到产业政策的制约。东亚国家，尤其是日本、韩国，非常重视产业政策在经济赶超与发展过程中的关键作用。东亚地区的文化创意产业发展与各国的文化政策及产业政策关系密切，表现出与其他地区不同的发展特征。

（1）以"文化强国"为目标，以国家力量推动文化创意产业的发展

东亚地区国家的经济，包括中国，都具有政府主导的特征，这与东亚国家的文化政治一体化治理传统有一定的关系。东亚国家文化创意产业的兴起与发展，离不开国家的支持。

（2）积极推动"文化输出"，重视文化创意产业的辐射带动作用

"文化强国"的战略就是要以文化竞争力为内核，增强国家综合实力。"文化输出"是"文化强国"战略的必然衍生物，通过国际文化交流与合作，通过文

化产品与服务的输出，日本和韩国让世界了解了它们，在吸引注意力的同时也实现了对其他产业的辐射带动。

2. 日本——内容为王，催生数字经济

日本是亚洲文化创意产业最为发达的国家。以游戏、动漫、音乐为主的数字创意产业一直在国际市场中占据重要地位，文化创意产业的发展为日本文化软实力的输出提供了重要保证。日本文化创意产业的发展得益于国家层面上的政策支持。在此基础上，辅以"物质动力"和"精神动力"并重的市场动力机制和多元的投融资模式，同时制定知识产权保护法，保障企业和个体的文化创意产出，共同促进日本文化创意产业的发展。另外，日本还打造了多个创意城市，将文化创意产业的发展与城市特色及优势产业相结合，成了日本发展文化创意产业的亮点。

（1）发展文化创意产业上升为国家战略

日本政府在文化创意产业的发展过程中，始终扮演推动者和领航者的角色。

早在1996年，日本就确立了"文化立国"的国家战略，将文化产业作为日本未来发展的重点。

2001年，日本确定了知识产权国家战略，提出10年内把日本打造成世界知识产权第一国的目标，对文化产业进行重点布局，借用国家意志推进创意产业的发展；同时，为发展旅游业，2003年又制定了"观光立国"战略。

日本政府高度肯定了文化在未来国际竞争中的重要地位，围绕"文化"采取了一系列重要的措施。日本政府重视对地方传统文化的挖掘和振兴，制订了适宜的规划纲要，对具有价值的传统地方文化提供全面扶持。

在日本的文化创意产业中，动漫产业占据了半壁江山，甚至更多。作为世界上最大的动漫制作国和输出国，目前全球播放的动漫作品中有六成以上出自日本；在欧洲这个比例更高，达到八成。日本拥有430多家动漫制作公司，培养了一批国际顶尖级的漫画大师和动漫导演以及大量兢兢业业工作在第一线的动画绘制者。电视和网络传媒的普及和发展以及传播手段的不断完善，为日本动漫市场的发展和壮大奠定了良好的基础。快速扩张和高附加值使动漫产业成为推进资产增值的"资本孵化器"。

（2）特色的双动力奖惩机制

在日本企业中，随处可见终身受雇于同一家企业的员工，相较于西方公司和员工之间的协议合作关系，日本企业则显得十分"厚道"。日本的企业文化中始终将员工的地位置于高位，在管理上奉行一套物质动力与精神动力并重、竞争与合作相结合的综合型动力机制，注重对员工的"感情投资"，善于将企业和员工的目标诉求相统一，既调动了员工的积极性，同时也保证了企业的相关利益。

（3）多元的投融资体制机制

日本文化创意产业投融资渠道十分丰富，投资主体多元。除了政府外，日本一些大型企业或者财团已逐渐成为日本文化产业的主要投资者。日本的文化产业项目都要进入市场操作，几乎所有的一流大型企业都以各种不同的形式参与、支持文化活动，并将此视为改善企业形象的重要举措。除此之外，日本还成立了"振兴文化艺术基金"和"企业艺术文化后援协议会"，以支持各种艺术文化活动的开展。

（4）完善的法律体系

日本文化创意产业法律体系日益健全，也是文化创意产业得以长足发展的重要原因。

2001年，日本国会提出了《振兴文化艺术基本法》，同年，对1970年颁发的《著作权法》进行修改并更名为《著作权管理法》。

2003年，"知识财产战略本部"先后制定《知识财产推进计划》《e-Japan重点计划2003》。

2004年制定《文化产品创造、保护及活用促进基本法》。

2005年制定《知识财产推进计划2005》。一系列法律法规的出台，有力地保护了知识产权，为创意产业的发展营造了良好的社会环境。

3. 韩国——影视链条促进产业衍生

1997年亚洲金融危机给韩国以沉重打击，为了摆脱危机，韩国实施经济转型，提出了"文化立国"方针，实行向文化创意产业倾斜的国家战略对策，经济发展也因此"峰回路转"。政府的大力扶持使文化创意产业实现了跳跃式的发展，转眼间成为韩国重要的经济增长点，韩国也因此成了创新型国家。

1998年，韩国政府实行针对创新企业的扶持政策，其中包括税制、资金和人力三个方面的支援。税制支援包括创新企业原则上2年内免除各种税务调查，2年内免除75%的不动产取得税，5年内免除财产税和综合土地税，6年内免除50%的所得税。

1999—2001年先后制定《文化产业发展五年计划》《文化产业前景》《文化产业发展推进计划》，明确文化产业发展战略和中长期发展计划，推出一系列重大举措，有力地推动了文化创意产业的发展。

在政府的大力扶持下，韩国的文化创意产业发展迅速，"韩流"已经成为人们耳熟能详的常用语。文化创意产业成为亚洲金融危机之后拉动韩国经济增长的主要产业，尤其是数字内容产业已经超过传统的汽车产业，成为韩国的第一大产业。

二、国内文化创意产业发展现状

目前，我国图书的出版品种和总印数、日报总发行量已经位居世界首位，电子出版物总量和印刷业整体规模均已位居世界第二位。我国的报刊发行已覆盖全世界 80 多个国家和地区，图书和期刊等出版物已进入全球 193 个国家和地区，我国出版了一大批反映、记录中国历史、文化以及弘扬社会主义核心价值观的优秀出版物。

然而，必须客观地看到，我国文化创意产业的发展水平与国外一些发达国家相比还存在一定差距。

（一）产业体系亟待完善

当前背景下文化创意产业的发展规模和产业聚集性仍然处于低水平阶段，过于分散的生产要素使相关产业无法形成大规模、完整的经济产业链。除此之外，国内还缺少专业性推广人才，使有创意、深度和价值的产品无法得到良好的市场推广，所以文化创意产业的商业转化率无法提高，难以实现文化创意产品的经济价值。

（二）金融服务不够健全

在当前情况下，文化创意市场的投入成本相对较高，大多将贷款和股票债券作为主要融资手段，缺少相对应的金融产品和金融服务，在一定程度上加大了企业的融资风险。

三、发展文化创意产业的合理路径

（一）完善政策法律体系

文化创意产业作为一个新兴的产业，其发展离不开政府政策的大力支持。综观国内外文化创意产业发展较为成熟的国家和地区，政府所制定的相关政策对于当地文化创意产业的发展都起到了重要的推动作用。日韩在 20 世纪末就提出"文化立国"战略，倡导发展文化创意产业，并且成立了专门的指导协调机构。

此外，日韩为了营造良好的发展环境，针对文化创意产业的发展出台了很多政策。为了推动我国的文化创意产业更好更快发展，政府应该积极完善相关政策法律体系，营造适合文化创意产业发展的外部环境。

1. 政府要在战略方面给予一定的支持

战略决定了一个国家未来长期的发展方向，其重要性不可忽视。文化创意产业作为集文化、科技、经济于一体的行业跨度大、附加值高的新兴产业，我国应该给予高度的重视。

一方面，成立专门机构对文化创意产业相关工作进行指导，推进文化创意产业方面的基础研究。

另一方面，成立文化研究部门以此来协助制定一些国家的宏观策略，帮助政府完成文化创意产业发展战略的制定和发展方向的确定。除此之外，政府还要制定文化创意产业振兴的短期、中期和长期计划，明确重点任务，提出具体可行的实施方案，有效地推动文化创意产业的发展。

2. 制定相关的政策法律、规范文化创意产业的发展

现阶段我国文化创意产业以中小型企业为主，进入市场面临一定的压力，面对侵权等非法行为也缺乏维权能力。因此，政府应该尽快完善我国的文化创意产业法律体系。一方面，在税收、融资等方面给予一定的优惠与支持，降低行业进入门槛，让更多的企业参与其中；另一方面，对文化创意产业的不同行业，如网络行业、软件行业、动画行业等，有针对性地提供法律保护。

3. 完善知识产权制度

文化创意产业在某种程度上可称为内容产业，必须有良好的知识产权保护环境。另外，其发展也离不开高新技术的广泛应用。

文化创意产业的蓬勃发展需要与之相匹配的知识产权制度做保证，我国应积极保护企业及个人的知识产权，根据文化创意产业的特点制定专门的法律保护制度，加大对知识产权的保护力度，明确对侵权行为的处罚方式，保障企业和个人的合法权益，为文化创意产业的发展提供良好的法律和制度环境。

此外，政府对知识产权的有效保护可以帮助文化创意产业投资人获得投资收益，从而提高人们从事创新活动的积极性。

（二）拓宽融资渠道

中国经济正面临转型升级，发展文化创意产业可以推动经济的可持续发展。我国文化创意产业的发展面临的困难之一是资金问题，而资金投入是促进文化创意产业发展的重要环节。

无论是日本、韩国还是英国，它们都设有文化创意产业的专项基金，这对于

文化创意产业的培育和发展起到了至关重要的作用。因此，我国应借鉴其经验，加大政府支持力度，保障文化创意产业的资金注入。如各级政府每年从财政预算中拿出一定额度设立文化创意产业发展专项基金或者设置行业基金，并保持该专项基金增速不低于财政收入增速；政府也可以对文化创意产业项目和个人实行减税措施，多角度地鼓励和推动文化创意产业的发展。

目前，我国文化创意产业投资主体相对单一，文化创意产业的发展仅仅依靠国家的力量是远远不够的。我国应放宽民间资本准入条件，鼓励民间力量参与。此外，政府要转变投融资观念，降低市场准入门槛，鼓励民间力量和外资进入文化创意产业；还要开辟多种融资渠道，如企业投入、证券投资、银行贷款、民间捐助等，为文化创意产业提供充足的资金支持；同时要注重引进外资，以此来提升我国文化创意产业的国际化程度。

（三）加强与科技的融合

高科技是现代经济发展的一个重要依托，也是文化创意产业发展不可或缺的推动因素。当前，文化创意与科技创新不断渗透融合已成为文化创意产业发展的必然趋势。一方面，基于高科技平台的网络游戏、动漫、数字娱乐等行业获得了高速的发展；另一方面，传统的文化创意行业，如广播电视、出版发行、表演艺术等行业都借助科技力量获得了新的竞争力，呈现出新的形态。

随着文化与科技的融合日益加深，数字化制作加工、网络、数据库等数字技术对于文化创意产业的发展也越来越重要。除了将传统的文化创意产业与数字技术结合以外，还要高度重视网络消费市场和网络消费习惯的培育，使中国成为世界上最大、最先进的移动支付之国。高新技术的发展和运用，既丰富了人类物质文明和社会文化的内容及形态，推动了大众文化的演进，又为文化内容提供了多种多样的表现形式和载体，极大地拓宽了人们获取和消费文化产品的渠道。网络技术、数字技术、虚拟现实技术和新型显示技术的应用增强了文化产品的创作力、感染力、表现力、传播力和影响力。

文化创意产品借助科技的力量在全世界流通。网络产品、动漫游戏、艺术表演、出版发行等每一个文化创意行业从产品的生产开始，到产品的传播、消费，每个环节都与技术密切相关。博物馆、纪念馆等虽然承载了历史和记忆，但是由于其展现形式多为文字和图案，难免乏味。近年来，很多博物馆和纪念馆都开始运用 3D 技术再现历史情境和名人生平，不但增强了生动性，而且也让游客有身临其境之感。这既可以吸引游客参观，增加旅游收入，又可扩大我国的文化影响力。

随着文化创意产业的不断发展，科技创新发挥的作用也越来越重要。我国只有不断提高科技创新水平并充分有效地运用到文化产品的生产中，才能推动文化创意产业升级，提高文化创意产业的市场竞争力，进而在国家竞争中凸显自身优势。

（四）营造创意人才集聚的宽容氛围

文化创意产业是一个综合型的新兴产业，又是一个深度依赖知识、创意和技术的产业，人才必然是文化创意产业发展的核心要素，是提升文化创意产业竞争力的决定性因素。

文化创意产业的发展高度依赖于城市的环境和氛围。好的城市文化氛围对于文化创意产业发展的影响不容小觑。城市的文化创意氛围浓厚，所吸引的文化创意人才也相对较多；而文化创意人才越多，集聚效应和竞争效应也就越强。创意人才一般具有很强的流动性，他们大多更愿意选择相对开放和包容的城市。

创意人才的引进和培养是文化创意产业发展的重要环节。中国是一个人口大国，有丰富的人力资源，我们应该借鉴国外的成功经验，加强人才培养，形成良好的人才培养机制。

首先，要加强高校与企业的合作，注重产学研相结合。

其次，对从业人员进行创意培训，选派人员出国研修，加快培养具有国际化水准的文化创意人才。

最后，积极吸引各国优秀的文化创意人才加盟我国的文化创意产业，增强我国文化的兼容性与多样性。不同文化背景下的创意人才经过碰撞、交流，会激发出更多的创意，从而有助于文化创意产业的快速发展。

（五）大力拓展海外渠道

在世界经济全球化的趋势下，发展文化创意产业已成为各国的国家战略。很多发达国家已经意识到文化创意产业对于国家经济发展、国家产业结构升级的重大意义，因此对文化创意产业的发展尤为重视，逐步呈现出以更突出的创意、更高的国家标准为前提，以提高国家竞争力为目的，大力发展文化创意产业的趋势。文化创意产业不仅对于国家的经济增长具有推动作用，而且对于弘扬国家历史文化、扩大本国文化的影响力、提高本国的国际竞争力等都具有重大意义。因而，西方发达国家在发展文化创意产业时都提出了国际化战略，充分利用国家力量积极拓展国际市场。

致力于为文化创意产业的发展创造一个良好的环境，不仅要建立一整套完整的产业体系并积极寻找世界性的元素以满足消费者的需求，还要利用学校和财团等民间团体在海外设立大量的中国文化研究和推广机构，通过派遣教员、邀请学者访问和接受留学生等途径促进文化的传播。

我国的文化创意产业只有被世界认可，才会在国际竞争中发挥优势。为了实现这一目标，企业不仅要走国际化道路，学习产品开发、运营的先进理念，还要加强国际合作，借助国外相关企业的平台进行营销推广，抢占国际市场，逐步走向合作、消化吸收、自主发展的文化创意产业发展之路。

第二节 文化创意产品的发展概况

一、文化创意产业国内外研究现状

（一）国内研究现状

文化创意产业发展迅速，当前许多国家都非常重视文化创意产业的发展，中国也不例外。

周光毅在《中国文化创意产业的发展现状与问题研究》中对文化创意产业的发展进行了系统的分析与总结，重点从政府、资金和人才三个方面进行论述，提出要充分发挥政府的引导、推动作用，加强各产业之间的资金往来，大力引进、培养人才，"三位一体"协同发展，以此来推进文化创意产业的发展。

陈守则、刘旭明教授在《文化产品营销研究》中把文化产业与实体经济相结合，对两者之间的关系进行系统性研究。他们认为人文气息在文化创意产业中最为重要，要满足人类的心理和精神需求，不能盲目迎合市场经济的发展，要实现文化与创意产品带动经济发展的目的。

钟蕾、李杨在《文化创意与旅游产品设计》中以多领域的专业知识为依托，强调民俗文化的重要性，提出要将民俗文化作为设计的创新点，实现传统文化元素与现代创意设计的紧密结合，重点突出产品的市场价值、使用价值和文化价值。

创新在林守襄教授看来是文化创意产品设计中最重要的步骤。他在《艺术衍生品的设计策略》中提出文化创意产品的成功与否与创新、创意直接挂钩，并从设计学的角度出发进行论述，重点探究艺术衍生品的设计原则与方法。

（二）国外研究现状

英国、美国、日本等国家在文化创意产业方面的发展与研究较为成熟。

创意产业最早源于英国，英国政府曾先后两次颁布《英国创意产业路径文件》，明确提出文化创意产业概念，并提出要运用政府力量扶持文化创意产业的发展。

美国是第一个进行文化立法的国家，致力于把文化创意产业打造成"版权产业"，颁布了一系列的法律法规，如《版权法》《电子盗版禁止法》等，注重通过法律来加强对版权的保护。

日本擅长对传统文化的挖掘与应用。日本著名美学家柳宗悦曾在《工艺之道》中强调工艺文化与传统文化的重要性，认为工艺文化是正宗的传统文化。他认为工艺的美应该是实用的美、健康的美和自由的美，美应该来源于生活，与生活紧密联系。

二、文化创意产品在国内外的发展

（一）文化创意产品在国外的发展

文化创意产品的诞生地是英国，英国最先发现了文化创意所能带来的经济价值。英国的文化创意产品注重产品的品质，强调主题。最为突出的设计主题有英国皇家成员、皇家卫队、大本钟、英式下午茶、西装与美酒（威士忌），以及影视文化作品，如哈利·波特系列、夏洛特·福尔摩斯、帕丁顿小熊等。

法国文化创意产品注重实用功能，特色鲜明，体现着法国文化的积淀，做工精细，造型优美，富有艺术性，其充满异域风情的创意与法国人的浪漫气质异曲同工。设计风格突出时代感，强调现代性。法国文化创意产品注重用户与产品的交互及对用户体验的深度挖掘。

美国文化创意产品主要是博物馆的文化创意衍生品，如美国航天博物馆围绕"飞行"设计的各类文化创意产品能很好地代表航天博物馆，同时又兼具现代产品的实用价值。美国的文化创意产品——迪士尼系列最为经典且享誉全球，种类繁多，制作精美，价格区间也很大，可以满足各个消费阶层的需要，对传播美国地域文化能起到很重要的作用。

日本是亚洲国家中文化创意产品设计领域的佼佼者。日本的文化创意产品设计感极强，以民俗文化、地方特色等为切入点，注重挖掘文化与情感两大要素，十分注重"寄情于物"。和式风格在设计师成功的设计营销下深入人心，日本的民间传说对和式风格定位起着关键作用。日本的文化创意产品设计往往趋于系列化，风格统一，其故事性叙述往往通过相关情景中的关键要素隐性表达。设计师的产品开发思路清晰，能够根据类别的不同特征有针对性地完成设计策划。

韩国作为亚洲四小龙之一，紧紧把握自身在数字技术方面的优势大力发展文化创意产品，通过现代设计理念以及成功的商业运作完成了对文化创意产品的开发。

（二）文化创意产品在国内的发展

霍金斯在2001年最先提出了"文化创意产业"的概念，在此之前，中国虽有"文化创意产业"之事，但未有"文化创意产业"之名，真正开始意识到文化创意产业的重要性，也是近五年的事情，这甚至晚于非物质文化遗产在大众视野里"升温"的时间。从20世纪50年代开始，中国有数量相当可观的工艺美术品出口，那些流向海外的工艺品成为换取外汇的重要筹码，而在这些精美的工艺美术品中，有一部分经过手工艺人的巧手制作，已经和传统的工艺美术品有所区别，以当下的标准观之，它们属于文化创意产品的范畴。早在元代，朝廷就要求景德镇窑厂制造外销瓷，这体现出了文化创意产品设计的概念，窑厂出口波斯的瓷器，参考了波斯的金银器造型，以其为创意来源，设计风格符合中亚地区审美观念，这在中亚地区掀起了欣赏与追求中国文化的热潮。

中国有着非常深厚的文化底蕴。以各种形式存在的诸多文化遗产都可以作为文化创意产品的设计来源，无论是以物质形态存在的文物、古建筑，还是以非物质形态存在的传统手工技艺、传统音乐、戏曲、民俗等，其中一部分均可以经过策划设计，形成相关的文化创意产品。在文化创意领域，中国有着巨大的探索空间。

我国的文化创意产品作为文化创意产业的重要分支在当前受到了不同级别不同层次的重视。首先从国家层面看，2016年国务院办公厅转发了《关于推动文化文物单位文化创意产品开发的若干意见的通知》（简称《通知》），《通知》来自国家文物局等部门，提出了要对文物单位的馆藏文化进行深度的挖掘和开发，创造相关的产品。同年11月份，国家文物局在全国的博物馆中遴选出中国人民革命军事博物馆、首都博物馆等92家试点单位，专门进行博物馆类文化创意产品的开发试点。《国家文物事业发展"十三五"规划》中，提出了未来的发展目标，就是逐步形成文物单位文化创意产品体系。国家颁布了很多关于保护非物质文化遗产、弘扬传统文化、促进文化创意产品的开发等方面的政策法规，并要求对这些出台的政策彻底落实。地方政府不仅要贯彻落实国家的政策，也要立足于本地实际出台保护本地文化创意产业的政策法规。

中国在文化创意产品创作方面，目前还处于探索阶段。一些文化创意产品的设计者，甚至是相关事业单位的负责人对于"文化创意"的概念尚不了解。对于如何从传统文化之中汲取精华还不知所措。在"文化""创意""产品"这三者之中，最为重要的核心当属其中的文化层面的内涵。但在当下国内的文化创意产业之中最重要的，并且往往决定着该产业的生命力的并不是文化，而是平台和渠道。当产业纯以平台渠道为先时，文化与创意就会处于次要的位置。

很多小微企业、设计师、手工匠人及非遗传承人，往往都在思考如何把作品及产品做好，把工艺做得更精湛，使设计更合理，而忽视了平台与渠道的重要。如若找不到恰当的平台与渠道，文化创意产品就很难进入合理的销售环节，难以形成盈利，更难以形成"造血"机能。

归根结底，文化创意产品的良性发展需要合理的平台渠道。陈少峰曾说："在很长一个时期里，文化仅仅被当作服务于经济的手段，甚至成为包装地方形象的政绩工程，文化失去了应有的经济价值和精神价值的双重地位，实际上，文化不仅是意识形态的重要组成部分，是国家软实力的重要组成部分，它也能够以文化产业的形态成为经济重要的组成部分，并且对经济健康可持续发展具有重要的促进作用。"在今时今日，文化的力量是非常巨大的，它可以引导具有文化情怀且具备一定文化价值观的人群进行消费，从而促进文化创意产业的良性循环发展。由此观之，文化创意产业的经济效益不容忽视。

中国的劳动人才市场有大量的劳动力，他们的薪酬在全球范围内只居中下等，是文化创意产品生产制造的主力军，但如果产品与工人们长期处于产品价值链的低端，也并不利于文化创意产品的长效发展。高质量的文化创意产品设计应当改变中国目前大量存在的针对国外企业的"来料加工""来样加工"状况，由"中国制造"转型为"中国设计"。例如，手工织造夏布的前期工艺多在国内的重庆荣昌、湖南浏阳、江西宜春进行，日韩在过去长期从我国的夏布厂商那里进口粗制的夏布布料，并基于坯布进行深加工，对其软化处理、脱胶，经此可以使苎麻材质变软，去除原本布料中带有的粗糙刺痒感。这种经过深加工的布料可以制衣，贴身穿着而无不适感。但在中国劳动力成本提升之后，日韩的订单大幅减少，夏布的传承和生产受到了很大影响。以荣昌夏布发展为例，国内一方面需要在制作工艺上降低深加工的成本，另一方面需要设计师对夏布产品进行拓展开发，使之不局限在服装和传统领域之中，由此可以更广泛地打开国内外市场。

中国文化创意产品的发展目前还处于缓慢上升期，也在较为无序的状态中逐渐形成了一些可行的路径，国家给予的扶持政策使文化创意产品具有较高热度，所具有的商机也吸引了众多由其他领域跨界而来的从业者。如要推广本土的文化创意产品，应不断解决问题，突破思路，实现良性发展。

根据中国文化创意产业的当前状况，要提高文化创意产品设计的整体水平，发展、传承、借鉴缺一不可。在产业升级的过程中，制造业对于文化和艺术有着最为迫切的需求，应当提升产品的内涵和附加值，更应对人们的生活方式进行潜移默化的影响，引导国内外消费者对文化创意产品进行消费。

三、我国的文化创意产品市场

（一）文化创意产品的独特性

文化创意产品不同于其他产品。如果说其他产品，诸如衣食住行所囊括的一切商品，是作为生活必需品存在的，那么文化创意产品就完全是生活中心情的调剂品了。同样，不同于精美绝伦的大型工艺品只可远观的特点，文化创意产品在被赋予了深刻内涵之后，却仍然是大部分受众群体所能接受的收藏品。

创意经济之父约翰·霍金斯认为，文化创意产品是一种具有经济价值的创造性商品货物，这一理论恰巧完美诠释了当今文化创意产业的"物化"现象。当你想象中的超级英雄们被真实还原在你面前，当你熟悉的小说场景被1：1复制出来，你触摸着它，感受着它，然后你在无形中被驱使着想要收藏它。也许你还不了解文化创意产业的具体经营内容，但你早已被标记为产业链的最终端。那些被"物化"的场景、人物，通过文化创意产业链中的层层环节被加工再创造出来，它们自诞生起就被印上了品牌的标记，并被赋予了品牌形象与象征意义。

"物化"的文化创意产品包含了文化与创意的所有特征。在文化创意产品这一特殊的产品集群中，文化属性是支撑整个产品的重要基石，决定了它以物质文化为基础、以精神文化为中心的产品性质。就好像事物的风靡必定少不了背后的故事一样，一类文化创意产品的流行少不了"文化"的推动。

（二）文化创意产品消费的特点

基于文化创意产品的不同属性，我们可以将针对它的消费划分为两大类。一类是基于公共属性的普通消费，另一类则是基于文化创意产品最核心的文化属性而发生的消费。影响前者的是文化创意产品的价格和消费者本身的收入水平，而影响后者的则是消费者对文化创意产品的认同度了。价格因素和收入因素很好理解，毕竟从一定程度来说，文化创意产品属于需求价格弹性较高和需求收入弹性较高的产品，消费者只有在其他需求得到满足之后才会考虑文化创意产品的消费。

对于后者的消费群体，我们可以将它形容为粉丝消费群体，这是一群拥有相同生活方式的人，他们相互之间出于对某个产品或活动的共同忠诚而彼此认同。

成员们拥有共同的感情、道德信念、生活方式。粉丝的集聚对形成文化创意产品的开发以及形成大规模的产业链条和创造巨大的产业利润起着主导作用。因此，消费者的认同度才是文化创意产品消费的关键因素，只有消费者认同了，接受了这样的产品开发与创新，他们才会被驱使着去收藏，从而带动一类产品的消费。

四、文化创意产品的发展趋势

（一）重视生态理念

随着国家大力推行节能与环境保护等方面的政策，人们越来越关注人与自然环境的协调发展。文化创意产品设计需要将科技、人文、绿色三大理念融合，转变经济增长方式，重视社会提倡的生态理念、绿色设计等。

（二）树立品牌意识

在全球化时代，消费者的消费需求正朝着个性化、多元化方向发展，而高度发达的科技导致很多产品设计被同质化，设计师在设计文化创意产品时，就应当树立品牌意识，从而扩大文化创意产品的影响力。

文化创意产品设计不只是简单的外形上的创意设计，它触及产品质量管理、审美设计、品牌塑造等深层次的问题，包含了对各种设计、文化资源的分配与管理，以及对产品经营、营销策划等相关战略的整体规划与部署。

第三节　文化创意产品设计的现状

一、缺乏优秀的原创设计

目前，国内市场上的文化创意产品虽然种类繁多，式样各异，但缺少优秀的原创设计。大多数文化创意产品都是生产厂家对国外类似产品的仿制或模仿，国内的原创产品主要针对产品的造型进行简单的修饰，少有真正的开发设计。

外国消费者无论是生活方式、使用方式还是文化诉求等方面，都和中国消费者的需求有很大差异。如香蕉切制器和苹果切制器，同样是用来切水果的专用厨具，它们在国内市场的销量和发展却完全不同。原因在于中国人的生活习惯一般是不把香蕉切开来食用，而大多数中国人都会将苹果切开食用。这就是生活方式上的不同给产品带来的完全不同的市场局面。

二、产品品质偏低

根据对文化创意产品消费者的调查可以得知，文化创意产品的消费人群普遍文化层次较高，追求产品的品质。低品质的文化创意产品无法满足消费者需求，必将被主流消费者所抛弃。目前，国内市场上存在文化创意产品品质普遍偏低的情况。产品的品质主要体现在产品质量、产品工艺和产品内涵三个方面。产品质量和工艺是由产品生产中投入的技术和成本决定的，而产品的内涵则由产品设计决定，只有同时拥有较高的产品质量、产品工艺和产品内涵的产品，才能被视为品质优秀的产品。如我国市场上现有的品质较低劣的儿童勺子，勺子的造型为卡通形态和传统勺子的堆叠，卡通形态是具体的唐老鸭形态，不够抽象简洁，而且不适于使用。不谈产品的质量和工艺，单从设计上就无法满足高品质需求。

大多数地区的文化创意产品都是直接将文化元素的形态以及纹样套用在产品中，如印有某个风景名胜的杯子、勋章等。李婷昱将其概括为文化元素运用不灵活，因此导致了文化无法从文化创意产品本身的造型、功能、精神等层面体现，缺少与之契合的点。我国某些地域所售卖的文化创意产品从造型和理念来讲有一定的雷同，缺乏我们所谓的创新。

三、产品专有品牌稀少

目前，国内市场上以经营文化创意产品为主的专有品牌稀缺。品牌效应对于一个产业来说是非常重要的，以品牌带动产业发展已经成为国内外产业发展的一个规律。品牌效应能提高生产厂家的竞争力，知名品牌对于产业的发展和良性竞争有着巨大的促进作用。因此，专门推出文化创意产品的优质品牌对于文化创意产品市场的发展是至关重要的。国内市场已经有一些以文化创意产品为招牌正在经营的品牌，但是这些品牌的产品并不全是真正意义上的文化创意产品，大多以家居产品为主，掺杂少量的文化创意产品。并且，这些品牌的优质原创产品不足，也是限制这些品牌发展的一个重要因素。

与此同时，国外的创意家居品牌正源源不断地占领国内市场，尤其是国内的高端市场。比如，来自日本的以日常用品为主营的杂货品牌"无印良品"，来自瑞典的全球最大的家具和家居用品零售商"IKEA"等。如IKEA的牙齿储物凳，以其经典有趣的造型、鲜艳活泼的色彩和方便的使用功能赢得了消费者的喜爱，是IKEA多年来经久不衰的热销产品。国外创意家居品牌在国内市场的兴起，也从另一个侧面说明国内消费者群体也有着追求并向往文化创意产品品牌的心愿。

四、创意和需求不匹配

目前，国内市场上的一些文化创意产品的设计创意和消费者需求不匹配。很多原创的文化创意产品，在设计开始就完全以设计师自己的设计思维和设计创意为主，并没有考虑产品是否符合消费者的需求，或者产品针对的消费人群的范围是否太小。所以，就出现了设计师的设计创意并不是针对消费者需求而产生的尴尬局面，这样的创意产品自然不能得到大部分消费者的青睐，也不能占领市场。

综上所述可以发现，目前国内市场上文化创意产品所存在的问题，都与产品的创意以及创意设计有着密切的关系。发明一套系统的文化创意产品的设计流程，是解决这些问题的最根本办法。

五、文化创意产品发展不均衡

由于每个区域文化分布纷繁复杂，文化创意产品发展不均衡主要表现在空间分布上不均衡以及产品类别不均衡。一些国家以及中国某些城市的文化创意产品在行业中成长得比较迅猛，其中有英国的不列颠博物馆、故宫博物院、苏州博物馆等，并且与互联网进行联动，增加了文化创意产品热度。但是其他地方的文化创意产品则发展缓慢，没有形成系统的文化创意产品体系。与此同时产品类别主要集中于办公、家居用品类，品类涉及范围较小，尚未形成完整的产业链，从而缺乏国际竞争力。因此，大力挖掘各地、各区域的文化内涵、区域特征是设计文化创意产品的关键所在。

六、缺乏开放性与共享性

当前的文化创意产品缺乏"走出去"的途径，宣传的途径仍比较有限。文化创意产品还只是在一定的范围内活跃，甚至用户只能通过旅游或实地走访的方式才能了解，过程极其烦琐，缺乏开放性。然而互联网正是"开放与共享"的最佳渠道，但"互联网＋文化创意"的现实应用不够普及。虽然这种形式的文化创意设计有所体现，但还不足以成为主导力量，大众认知度不够，导致认知片面，缺乏共享性，给文化创意设计的发展带来了一定阻碍。

第三章　文化创意产品的设计表达

文化创意产品的设计表达中包含设计元素、设计原则、设计思维等方面，要研究好这些设计表达的要素，提高文化创意产品设计的效果。本章分为文化创意产品的设计元素、文化创意产品的设计原则、文化创意产品的设计思维三个部分。主要包括文化创意产品设计的文化元素、创意元素、符号元素、体验元素及审美元素，文化创意产品设计的统一性原则、趣味性原则、体验性原则等，文化创意产品设计的创意思维、创新思维、灵感思维等内容。

第一节　文化创意产品的设计元素

一、文化元素

文化对于每个人来讲似乎是个很熟悉的概念，比如儒家文化、玛雅文化、饮食文化、酒文化，甚至厕所文化、地铁文化等。文化似乎是一件万能的魔衣，任何生活琐事只要套上它就会显示出庄严的法相。但文化似乎又很陌生：我们不能像把握"苹果"这类物词一样来把握文化，因为文化在这个世界上找不到它的对应物；我们也不能通过罗列一些"性质"词来描述它的属性，尽管西安的兵马俑、北京的紫禁城、巴黎的卢浮宫、中国的筷子、西方的刀叉等都属于文化，但是文化也不是个集合名词，如果那样，文化便成为一个人类历史所创造的一切事物的杂货铺。在英文中文化是培育、种植的意思，暗指脱离原始状态。而在中国文化则是指"人文教化"，更侧重于用共同的语言文字来规范群体的精神活动和物质活动，将文化进行传承、传播并得到认同的过程。

如上所述，文化实际上主要包括器物、制度和观念三个层面。而文化创意产品正是通过器物来体现制度和观念的，文化创意产品是对现代主义设计和产品发展到极致进而形成千篇一律的国际风格的一种反对，产品的国际风格使整个世界呈现出高度的一致性，世界各地区固有的文化以及生活方式正在逐渐消失。而地域文化及人们的生活方式是经过长时间的积淀形成的特定产物，是一种"记忆"和"文脉"。它们开始受到各地区的高度重视，人们重新审视世界文化与地域文化的关系，更多地关注本社会、本民族的社会文化意义，并将其注入产品之中，从而在器物层面上引起对过去生活方式的一种记忆。

文化创意产品中的文化元素主要包含如下两个维度。

一是纵向的历史性文化延续。历史性文化即所谓的文脉，英文即 context，原意指文学中的"上下文"。在语言学中，该词被称作"语境"，就是使用语言的此情此景与前言后语。更广泛的意义引申为一事物在时间上与其他事物的关系。在设计中，刘先觉将其译作"文脉"，应理解为文化上的脉络，强调文化的承启关系。文化创意产品中的文化元素能够满足人们对于过往的追忆，从而得到心灵的慰藉，这就如同当城市逐渐兴起，人们离开祖祖辈辈生活和耕耘的土地，住进单元公寓房。但是人们没有忘记土地以及耕种的生活方式。在阳台上总会有几个花盆，费尽心思地弄来土壤，种上花草以及辣椒、黄瓜、丝瓜、小葱、大蒜等。这就是"种植文化"的残存，它残留在人们的血脉之中，一有机会就会发芽。

二是横向的区域性文化传承。20 世纪后半叶，很多设计研究机构及设计公司开始从社会学科中寻找信息和方法，以找到用户与产品的联系，使产品能够传承特定区域的文化，能在产品中反映出特定区域相似的社会环境、文化背景、知识体系和生活经验等。

（一）文脉传承

1. 文脉的活态性

文化脉络的发展具有活态性，这能为文化产业的发展带来新鲜的元素，不断进行补充。这种活态性发展表现为两个方面。

首先，城市中的文化产业始终都是在传承中发展的，只是复制的文化很难获得竞争力，因此能在城市市场存在的文化产业一定是注入了新鲜的发展因素。

其次，城市文化和居民的生活是密切相关的，居民既是文化产品的生产者又是消费者，脱离了居民生活的文化创作方式也不能占据消费市场，因此城市文化就是在紧贴生活中不断更新和发展的。

2. 文脉促进文化产业集群式发展

文脉资源还能促进文化产业实现集群式发展。当然，这种集群式发展与区域经济的发展程度密不可分。目前，国内的文化产业群主要分布在经济较发达的地区，例如，长三角、珠三角和环渤海地区。除了这些经济发达地区，一些经济和文化资源都较为丰富的中小城市也开始出现了一定程度的文化集群现象。

出现这种现象的原因可能基于以下两方面。

首先，由于文化市场发展的规模需要和信息的传播速度加快，文化集群的产业发展模式得到传播。

其次，文化产业的发展离不开对传统文化产业的开发。以景德镇为例，虽地处中部省份，经济发达程度不如东部发达地区，但作为历代的"瓷都"，陶瓷艺术是城市文脉的核心要素。近年来，景德镇凭借丰裕的文化禀赋和相关的产品开发，形成了许多围绕陶瓷发展的文化创意产品，从创意设计到实践应用，陶瓷概念已经运用到了各种产品类型，从物质产品到非物质产品，陶瓷已经深深地根植于这一地区的文化之中。这种以文化资源为驱动力，带动物质产业发展的产业集群形式，是以文化创意产业带动地方经济快速发展的一个很好的案例。

3. 高素质的文化创意人才

人才辈出的文化创意人才培养模式为文化创意产业的发展提供了力量和新鲜血液。文化创意产业的根本是好的创意，好的创意来自高素质的创意人才。因此，哪里拥有创意人才，哪里才能发展好创意产业。目前，我国的文化创意人才由两类组成，一类是本土培养的，一类是从国外引进的。目前，在我国现有的教育体系下，创意人才的培养模式并不健全，创意人才的数量和质量与发达国家相比都存在很大差距。

另外，创意人才的流动机制也不灵活，创意人才的流动受特定地区文化特征的影响。从相关城市的发展情况中可以发现，城市良好的文化生态可以为文化创意人员提供好的培养系统。以苏州的文化创意人才培养模式为例，传统的手工艺文化气息浓厚，工艺人从小受这样文化生态的影响，对手工艺有浓厚的兴趣。同时，对文化创意人员来说，一个良好的文化创意环境对他们有很大的吸引力，能形成人才集聚效应。因此，一个城市只有文化生态和经济环境都良好，其文化产业才能实现更好的发展。

4. 文化创意产业对文脉传承的影响

文化创意产业对文脉传承有显著的积极效应。文化创新是文脉传承的重要内容和核心思想。文化创意产业在现代技术条件下，对传统文化加以改造和传承，里面包含了众多的创新成分。

从体制创新角度讲，文化创意产业的发展带来了城市文化环境的改善，并创造出了良好的文化市场秩序，为政府的文化产业政策和各类措施的出台提供了契机。

（二）传统文化元素

1.传统元素概述

凡是在中华民族融合、演化与发展过程中逐渐形成的，由中国人创造、传承、反映中国人文精神，具有中国特质的文化成果，都是中国元素，包括有形的物质符号和无形的精神内容，即物质文化元素和精神文化元素。如思想意识、道德观念、价值体系、生活习惯、宗教信仰、建筑、艺术、科技、中国传统文化等都是中国传统元素，是中国元素的重要组成部分。传统元素的内容是非常广泛的，表现形式也丰富多样。如今，传统元素已经与当代人们的生活方式紧密结合，比如在建筑设计、文化产业产品设计等多种当代艺术设计中都有传统元素的身影，正是这些丰富多彩的传统元素呈现出了艺术设计的多元之美，同时在当代艺术设计中融入传统元素也是让人们认识和了解相关优秀传统文化的重要渠道，使传统文化的精髓与文化价值得到更好的呈现。

有学者提出："传统元素不可能是西方文化的简单补充，不应该狭窄地定义为宣扬民族主义的旗号。"诚然，有一种不可争辩的事实，当世界经济离不开持续增长的中国经济时，世界文明也离不开中国文化。因为中国文化是人类不可或缺的重要组成部分。孕育着中国文化精神的"传统元素"将会为中国当代设计走向世界奠定基础，它会承担起让中国融入世界、影响世界的时代使命。

2.文化创意产品设计中传统元素的应用

传统元素具有丰富的文化意蕴，提升了产品的文化附加值。随着中国经济的发展，中国传统文化被越来越多的国家所接受，传统元素已经成为设计者手中的"弄潮儿"，他们之所以将传统元素与当代设计结合来完成现代化转化，是因为很多传统元素已经脱离了原来的文化语境和使用场景，变成了一种"死"的文化，将传统元素现代化的过程就是"救活"的过程，是对其重新赋予使用场景和文化意义并将其重新融入现代生活的过程。

重新赋予使用场景是当前传统元素现代化的主要形式。文化创意产品的特征属性为传统元素使用场景创新提供了重要载体。这种场景赋予起源于"朕知道了"胶带、朝珠耳机和正大光明充电宝等脑洞大开的文化创意产品，这些产品结合了近年来的消费热潮，正在重塑消费者，尤其是青年消费者的消费习惯乃至生活习惯，并影响到不少国际知名消费品牌的创意设计和生产环节。

3. 文化创意产品设计中传统元素应用的意义

（1）推动传统文化的传承与保护

在文化创意产品中融入传统元素，不仅拓展了青年消费群体的审美观，而且可以让他们最直观地了解传统文化，这有利于传统文化在年轻一代中传播。在"坚定文化自信"的时代背景下，这也有利于传统文化的传承与保护。

（2）推动我国当代文化创意产品设计的创新与发展

在市场经济的驱动下，消费者的需求逐渐多元化。当代文化创意产品设计能很好地体现出消费者需求的变化。在文化创意产品中融入传统元素，必将推动文化创意产品设计向特色化、品牌化方向发展。

二、创意元素

正如马克思所说："各种经济时代的区别，不在于生产什么，而在于怎么样生产，用什么劳动资料生产。劳动资料不仅是人类劳动力发展的测量器，而且是劳动借以进行的社会关系的指示器。"当下的信息社会、知识经济以及文化产业化意味着人类生产方式的一次革新，人类创造财富的方式从过去依靠体力劳动逐渐向依靠脑力劳动的新劳动方式转变。同时，将文化信息以及知识视为重要的新生产资料，并把人类的创意看作经济前进的主要动力之一。文化创意产品正是在这样的背景之下孕育而生的，因此创意成为其关键性要素。

文化创意产品中的创意主要是指：依据文化进行创新思维的加工，以独特设计和创新理念生产出满足消费者精神和文化需求的产品。所以，文化创意产品中的文化并不是对传统既有文化的一种照搬和简单的复制，而是通过一定经济意识对传统物质文化和精神文化进行再创造，使之适应现代人们的生活方式和审美情趣。

人们正是通过创意将文化元素融入产品功能与实用性中，才创造了可供使用和欣赏的产品的。这里的创意与产品设计中的创意有所区别，它更侧重于文化的创意。文化创意产品中的创意并非凭空产生的，而是有具体的来源，其主要来源有以下两个方面。

一是来自对生活的理解。对生活的理解包含亲身经历或个人感悟，或是对美好生活的想象等，这些都会为文化创意产品的创意注入新鲜的养料。

二是来自对社会的认知和理解。社会是由具体的个人组成的，社会也会以共同的价值观、流行风尚或者一种固定印象影响到每一个人。每一个人对于文化创意产品的选择无疑标榜了一种价值态度和社会阶层定位。因此，文化创意产品的创意必须建立在人们对价值态度和社会阶层的洞悉的基础之上。

三、符号元素

象征是人类独有的行为，主要指用具体的事物来表示某种抽象的概念或思想感情的行为，通过使用象征符号来实现象征意义的表达。创造符号是人类与动物的重要区别之一，正如卡西尔所说："人是使用符号的动物。"特别是在人类进入大众传播时代以后，以报纸、杂志、广播、电视、网络等为代表的现代大众传媒，运用先进的传播技术和产业化的手段，每时每刻都在向人们进行大规模的信息生产和传播活动，使我们的生活环境到处都充满着象征性符号。比如某人穿一身"蜘蛛侠"的衣服，这套服装不仅有蔽体保暖的功能，更重要的是它能表明装扮者对于该影视形象的态度。

在现代传媒的推动之下，产品的符号意义往往比操作、性能等与产品本身相关的内容更需要设计师去揣摩和挖掘，文化创意产品之所以能被冠以"文化"二字，是因为其利用产品的造型来表达一种文化内涵，从而使该产品成为承载该种文化的符号。人与人之间的交流是通过语言、眼神、手势等来完成的，物与人之间的"沟通"是通过符号完成的。人们在创造产品功能的同时，也赋予了它一定的形态，而形态可以表现出一定的性格，就如同它有了生命力。人们在使用产品的过程中，会得到各种信息，产生直观的心理感受或生理反应。文化创意产品的符号性能够表达出以下两个方面的文化意义。

（一）流行审美文化的符号元素

消费者借助文化创意产品的造型特征形成感性认识，从而产生相对应的知觉和情绪。在相同地域的同一时期，人们对于如美丑、稳重、轻巧、柔和、自然、圆润、趣味、高雅、简洁、新奇、女性化、高科技感、活泼感等流行审美文化有着相同的理解。消费者的这种感觉和情绪也会随着社会文化的改变而变化，比如苹果公司的G3、G4、GS 电脑的形态、色彩和材料质感的改变，正是抓住了审美趋势。再如，当通用汽车以彩色轿车取代了福特的黑色轿车，人们看到满街色彩缤纷的轿车疾驰的时候，反而又想拥有一辆黑色的轿车，这体现了这种变化的微妙之处。

（二）消费者自身文化符号认同的表达

这种自身文化符号认同的选择受到消费者自身生活环境、学识修养等的影响，表现出了在生活品位、思想水平和艺术鉴赏能力等方面的不同。而文化创意产品是借助与环境相互作用之后产生的特定含义，来满足消费者对于流行时尚、社会价值观或者某种固定印象的追求的。

四、体验元素

文化创意产品除了具有有形的物质外壳以外，还具有无形的体验价值。它如同一幅油画一样，除了能够让观者产生视觉上的愉悦，还能获得某种体验性心理感受。这种体验性心理感受依据每个人的经历不同而有所不同，因此，它具有潜在性和不确定性的特点。正是这种潜在性和不确定性增强了文化创意产品的魅力。

用户在使用产品过程中产生的纯主观感受，主要体现在以下四个方面。

第一，视觉冲击。视觉冲击是激发文化创意产品体验元素的首要环节，现今的设计越来越强调逻辑、科学和抽象的造型叙事表达，却忽视了通过视觉冲击来刺激大脑皮层，从而引发联想。

第二，功能自然。对于自然物而言，功能是与生俱来的。如树叶的功能在于它具有叶绿素从而能进行光合作用。而文化创意产品的功能是一种师法自然，以自然界中天然的"人—物"关系为基点来实现文化的衔接和形式的生成。

第三，方式合理。文化创意产品的使用方式，是沟通产品和使用者的纽带，方式合理主要体现在要让人们能够读懂产品。

第四，内容切合。文化创意产品所附加的文化性内容需要和产品的功能以及使用环境的"文脉"相切合，使良好的用户体验能够顺利达成。

五、审美元素

"美"可指一种感官的愉悦或生理上的满足，也可指一种赞赏心态的流露。而文化创意产品的审美更侧重于后者，是人们物质生活水平达到一定高度之后，人类有目的有意识地对"真、善、美"的追求。这种追求以"感性"为中介，脱离了那种基于物质与利害关系的理性判断，从而真正回归到关于生活意义和生命价值的自我意识的彰显。文化创意产品的审美元素主要包含以下三个方面。

（一）形式艺术美

文化创意产品的审美离不开感性因素，由点、线、体、色彩等构成了文化创意产品的形式，这些形式构成关系的艺术性能够与观者内心深处的节奏、韵律、比例、尺度等形成一种同构关系，使消费者因这种直观感受与内心情感的同构产生移情，从而与消费者的趣味与审美理想相融合。

（二）功能材料美

文化创意产品的审美离不开功能材料的合目的性，诚如罗兰·巴特评价埃菲尔铁塔的功能与材料时所说："功能美不存在于一种功能良好结果的感受之中，而存在于在产生结果之前的某一时刻被我们所领会的功能本身的表现之中，领会一部机器或一种建筑的功能美，便是使时间暂时停止和延迟使用，以便凝视其造术。"文化创意产品的功能材料美是产品给人的一种舒适感和心理上的满足，这里的功能材料美与产品的功能实用性等物质层面相区别，是一种审美价值的表现。

（三）文化生态美

文化生态美不仅能表现出人与自然的和谐，还体现着一种生活方式以及社会生活的脉络与系统。文化创意产品的文化生态美主要植根于人们对于传统生活的一种向往，比如工业社会在给人们带来方便的同时让人身心疲惫，人们希望能够实现对传统田园生活的回归。

第二节 文化创意产品的设计原则

一、统一性原则

（一）创意与需求的统一

文化创意产品的设计创意必须和用户需求相统一。创意是文化创意产品的灵魂，更是它的价值来源。满足消费者需求是设计的首要目标，一切设计活动的最终目的都指向满足消费者的需求。只有得到消费者和市场认可的产品才能体现它的价值。所以，文化创意产品的设计创意必须与消费者需求相统一。

（二）奇特性与实用性的统一

奇特性是指文化创意产品本身的创意奇特的性质。实用性是文化创意产品作为日常家居用品的本质属性。文化创意产品的奇特性主要是通过形态、发声等因素的奇特和产品使用方式的与众不同而体现的。人们之所以选择文化创意产品，主要是因为这类产品具有新、奇、特的特性。而这类产品是一类以家居用品为主要创意设计对象的产品，实用性是其不可磨灭的性质。所以，设计不能因为追求形态或功能的奇特而牺牲产品本身的实用性，而是要将这两个看似矛盾的性质统一起来，使其服务于消费者。

（三）奇特性与情感的统一

用户使用产品时一定期待有个愉快的体验。为了追求刺激而乘坐过山车的乘客不希望被车子上的虫子吓到。同理，即使是为了追求新、奇、特的文化创意产品的用户也希望有愉快的用户体验。无论是形态奇特还是使用方式奇特，都不能与提供给用户良好的用户体验相矛盾。所以，新、奇、特产品的创意设计要遵循创意的奇特性与用户情感的愉悦性相统一的原则。

（四）纪念性与实用性相统一

不同的参观者购买文化创意产品的动机也各不相同，但是大部分的参观者希望购买到的是兼具纪念性和实用功能的文化创意产品。因此纪念性和实用性相结合的文化创意产品更加能够吸引参观者购买。现实生活中，多数的文化创意产品都只是具有纯粹纪念意义的家庭摆设品而缺乏一定的实用价值。

虽然任何产品从设计到最终的成品，消费者对其都寄予了厚望，但作为一件产品，实用性是必须具备的，对于文化创意产品也是如此。文化创意产品的设计需要确保其具备高质量的实用性，能够满足消费者的某项功能性需求，而此处的功能性主要包括以下几点。

第一，物理功能，文化创意产品的性能、产品结构及可靠性等。

第二，生理功能，即文化创意产品使用过程中的便利性、安全性。

第三，心理功能，文化创意产品的视觉文化特征给消费者带来的内心的归属感、愉悦感和认同感。

第四，社会功能，文化创意产品对于个人品位、爱好及社会地位等的凸显。

产品的使用性能一方面取决于产品是否适合用户特性，如用户的身体特性、生理特性和运动特性；另一方面受到了用户使用该产品时使用习惯的制约。不符合用户使用习惯的产品会带来使用的不便，甚至会导致事故的发生。设计时，关注用户使用习惯的产品可以弥补由于产品特性与用户特性之间的差异而引起的不足。比如，用餐的筷子和刀叉，相对来说虽然刀叉比筷子更符合人体工学原理，但是因为养成了习惯，中国人使用筷子比使用刀叉更得心应手。所以，针对由一系列动作组成的使用行为、动作顺序、使用习惯等环节展开设计，是产品设计中不可或缺的程序。

设计师在进行产品创意设计时，一定要关注用户的习惯尺度。如果涉及使用功能、使用方式的创意设计，这一要素更是不能遗漏，它在一定程度上决定了用户体验的成败，从而决定了产品的成败。习惯存在很大的个体差异，不同人的使用习惯是不同的。如对同一件产品，有的人认为得心应手，有的人却无法习惯。设计师在设计时无须试图满足所有用户的使用习惯，因为这几乎是不可能做到的。但是设计师要针对用户群体的使用行为特质，尽可能多地找到其中相同的要素。

二、趣味性原则

趣味性设计是指总能让人产生回味无穷、趣味无尽的感受的作品设计。作品所展示的视觉魅力和情感魅力，以一种亲和力的形式深深地打动着消费者。它可以使消费者在获取信息的同时感受到美的存在，在审美体验的过程中轻松、自然地接受产品所传达的文化信息。

抓准话题，生产当下最流行的创意产品，时机尤为重要。抓准时机对于抢占市场非常有利，但也存在弊端，热门话题往往昙花一现，很难得到长久发展。

而在社会生活中，不同的年龄段的受众，他们所感兴趣的潮流也有所不同，面对不同消费者时，就要根据不同人群、不一样的话题，筛选出有价值的文化主题。这里的"有价值"可以是文化思想积极向上、文化与产品功能相贴合等。与新兴潮流文化相反的则是我们的传统文化，传统文化一直是令我们中国人为之骄傲的，随着岁月而积淀，见证国家文化的发展，这些是我们所不能舍弃与忘却的。但随着科技的发展、社会需求的变更，传统文化中的部分内涵可能已不再适用于现在的消费者需求，"新""老"文化间的碰撞也就产生了。在文化创意产品设计中，就应该正视这种文化碰撞，通过创意的设计将两者融合在一起，这种互相容纳的原则就是趣味性设计的表现。

三、体验性原则

现在消费者在购买文化创意产品时，已经不再满足于其使用功能的体验，对文化底蕴、创意思维等方面也希望能够有所体验，而且在感官的体验上，希望得到除了视觉欣赏以外的听觉、触觉、嗅觉等多重感受。

（一）体验层面的情感交流

在当下社会环境中，创意产品不仅是传承社会文化的载体，更是人与人、人与环境、人与产品相互沟通的媒介。文化创意产品中的情感体验和交流即是产品与人的互动模式。如果从人与文化创意产品互动的角度来探讨，当文化创意产品给用户提供服务后，产品对用户产生了影响，同时用户对产品会有一个反馈。这就是人与产品在体验层面的情感交流。

在现代化的生活方式中，人们选择产品时最先看到的是产品的外观造型，所以产品的造型要能触动消费者的内心，进而产生情感。被赋予了文化创意的产品外观能够在第一时间吸引客户。

（二）仪式感的运用

在特殊环境下，产品的使用过程还会赋予用户庄重的仪式感，达到情感上的升华。例如，源自汉唐文化的成人礼，通过礼仪渲染出严肃、郑重的氛围，正式宣告主人公已拥有成人身份。郑重的体验过程可以带给受众更深刻的感受和思考。

仪式感是利用产品与用户之间的情感交流，让产品更有温度的设计手法。仪式感把产品从文化的载体拓展为文化和情感传递的媒介。仪式感不单单是用户与产品的"互动"，更被赋予了更多的象征意义。

在心理学上，仪式是一种有意义的特定行为方式，是一个表演者或一个群体通过象征的方式表达一定的感受和思想的一种特定的行为或活动。仪式象征着旧的已经结束，新的即将开始，是具有重要意义的典礼的秩序形式，仪式的种种要素都有着很强的象征意义，代表着对未来的期许。

因此，仪式感的运用能够提高用户的参与感，可以在产品使用过程中增强趣味性。例如，在产品的包装设计中，常常以"打开"的语意为亮点引导用户追求生活中的仪式感。

四、简洁性原则

最好的创意往往是最简洁的创意，因为在信息爆炸的当代社会，受众被淹没在信息的海洋中，那些简洁、明快的创意往往在更能够吸引他们。因此在设计文化创意产品时，尽量做到主题突出，言简意赅，无关紧要的要剔除。

设计是有目的性、针对性的创造活动。同时也是与受众交流互动的过程。这就要求设计师从受众实际情况出发，认真分析他们的年龄、职业、知识结构、偏好等，将其作为创意的基点。那种单纯追求视觉冲击，毫无边际、不切实际、故弄玄虚的"创意"，只能证明设计师是不合格的。

五、独创性原则

在信息爆炸的今天，人们面对铺天盖地的设计，已经变得有些麻木了，没有新奇的创意，很难引起受众的注意。我们可以在各大媒体看到很多优秀的创意设计。例如，美国福特汽车的杂志广告设计，另辟蹊径、创意独特，取得了良好的传播效果。这则杂志广告在画面中间画了一条虚线，文字表述："把这页广告一撕两半，你所听到的噪音，会比一部1971生产的福特牌轿车以每小时40英里（约64千米）的速度奔驰时，你在车里听到的声音高。"

六、文化性原则

文化创意产品不可能背离其本身的文化特性而存在，文化创意产品能让人们了解文化，具有宣传推广文化知识的作用。所以在设计时需要考虑是否反映出了文化内涵以及所蕴含的文化是否能引起消费者的共鸣。

在文化创意产品的设计、创作与研发过程中渗透传统文化元素，同样需要秉承传统匠人的"匠心精神"，切不可过分浮躁与抱有单纯的逐利心态，唯有如此才能更好地将传统文化元素中的人文情怀、艺术精髓、精神风貌传播至人们的内心。

七、美学性原则

文化创意产品需要具备一定的形式美感，以符合现代人的审美观念。传统的文化艺术在历史的筛选中能够脱颖而出，保存到现代，说明其本身就具备一定的审美价值。但是美的观念会随着社会的不断进步、科技的发展等因素而产生变化。所以提取传统文化元素的时候，在造型、图案、色彩等方面，可以运用现代科技手段、设计方法、思维方式进行艺术化的处理，将传统与现代的艺术文化在传承的基础上创新，在产品中达到和谐美观的表现效果。

文化创意产品设计一定要具备引人注目的外在造型，以吸引消费者的注意力且带来美的享受。在以求变、求新、求异来体现设计价值的过程中，也不得偏离市场规律。对于大部分的产品而言，设计理念大都基于大众化需求，所以产品呈现出的审美更注重的是普适性审美。由此可见，审美原则在文化创意产品设计中起到至关重要的作用，文化创意产品开发要以此原则为基础。

第三节　文化创意产品的设计思维

一、创意思维

（一）创意思维的内在构成

总体来看，一个好的创意，是贴合时代特征的、能够满足人们的文化需求的、适应潮流的。因此，将创意应用到物质产品时，要注重文化和经济的结合、传统与现代的结合。

国家也非常重视创意在文化产品中的作用，发布了一系列政策保障创意性产业和其他产业的融合发展。各级政府也采取了形式多样的活动，从需求角度提高消费者的文化产品消费能力和水平，如举办创意性质的比赛等。

但是从目前的情况来看，世界市场中来自中国的有竞争力的文化产品多产生于一些视觉设计领域，鲜见实体性工业产品设计。从中国各区域主导的一些创意比赛中，也可以发现中国文化创意产品存在诸多问题。例如，平面设计强、产品设计弱；模仿、浅层次设计居多，原创性、颠覆性设计少；题材多样性不足等。从理论角度分析，这些问题根源于对文化内涵的认知程度不够，创意仅仅停留在表面，没能融入产品设计中，实践中的产品应用不能融合文化因素。我们所知的文化因素只体现在表面。

那什么样的作品算是有一个好的创意、好的设计，关于这个问题我们可以从日本文具设计师伊藤胜太郎那里找到答案。他创立了"伊东屋"品牌，这是一个很好的代表。在伊藤胜太郎的设计观念中，首先文具作为一种学习用品，必须便于在学习中使用。其次，为了引起学习兴趣注重外观设计，这些设计是含有时代气息的，并且不会因为时间的改变而变得不再流行。最后，设计的产品到达消费者手中后，能激发消费者的学习兴趣和使用灵感，对消费者的学习和生活产生激励作用。当然，一个产品要包含上述三项功能是非常困难的，但也正是这样的产品才是有特质的，能产生广泛的市场影响力，形成品牌效应。这表明，一项创意从产生到应用到产品上，再到产生良好的品牌效应是一个复杂的过程。创意的过程是复杂的，需要多种因素的配合，需要将创意应用到产品，还需要消费者感受的配合。供应者和消费者都是提升文化产品质量的重要主体。

一个优秀的文化产品必定蕴含独特的文化创意，这种独特的创意赋予了产品特有的竞争力，使企业在文化市场上占据优势地位。但是，在实践过程中，创意并不是轻而易举的事情，这需要多种因素共同作用，且存在复杂的作用机理。创意也不是简单的一个想法，而是需要一系列的后续工作，需要将思维付诸实践。

（二）创意思维的形式

1.理论思维

理论思维是指使理性认识系统化的思维方式。理论思维在策划过程中应用得较多，如系统思维，其特点是不能计较一时的得失，而应在全系统进行综合考虑，其核心在于先失后得。

2. 直观思维

直观思维具有生动性、具体性、直接性的特点，是触发人们产生创意的基础。直观思维取决于观察力、想象力和记忆力。在创造活动中，人们往往通过观察思考，产生创造性直观思维。

3. 发散思维

发散思维也称求异思维或辐射思维。发散思维具有流畅、变通、独特三个不同层次的特性。要准确判断发散思维成功与否，需要广博的学识和善于吸收多种学科知识的能力，且要厚积薄发，广开思路。

4. 收敛思维

收敛思维又称聚合思维、求同思维，是指在解决问题的过程中运用已有的知识和经验对信息进行组织和整合，目的是使思维始终集中在同一个方向，从而使思维简明化、条理化、逻辑化、规律化。

5. 横向思维

横向思维是一种共时性的横断性思维，具有横向发展、往宽广处发展的特点。横向思维可以通过截取历史上的某一横断面，研究一个事物在不同环境下的发展状况，并将其与周围事物进行比较，从而得出事物在不同环境中的不同特点，以便更深刻地了解事物。横向思维善于从多个角度去了解和认识事物，强调更加宽广的视野，在创造性活动中起着重要的作用。

6. 纵向思维

纵向思维是一种历时性的思维方式，它主要从事物自身出发，通过了解事物的过去和现在，发现事物在不同时期的特点和前后关系，从而抓住事物的本质。纵向思维被广泛应用于科学和实践领域。事物发展过程是纵向思维的基础，每个事物都必须经过萌芽、成长、发展，再到最后死亡的过程，纵向思维通过分析和研究事物发展的过程得出事物发展的规律。

7. 正向思维

人类的思维具有方向性，存在着正向与反向之说，由此产生了正向思维与反向思维两种形式。正向思维也叫作垂线思维，是指人们在创新性思维活动中，按照常规思路去分析问题，以事物本身的常见特征和一般趋势为标准的思维方式。它是一种从已知到未知、从过去到未来，揭示事物本质的思维方式。正向思维的时间轴与时间方向一致，是随着时间的推移进行的思维形式，能够发掘符合正态分布规律的新事物及其本质。面对生活中的常规问题，正向思维具有较高的解答效率。

8. 逆向思维

这是把思维方向逆转，形成与原来想法对立的或与约定俗成的观念截然相反的观点的设计思维方法。

（1）反转型逆向思维法

反转型逆向思维法是指从事物的相反方向进行思考，即从事物的功能、结构、因果关系三个方面做反向思维，这种思维方式包含如下三个方向。

第一，功能逆向，即对产品现有的功能进行分析总结，反方向思考得到解决问题的答案。

第二，结构逆向，即对产品的功能进行反方向思考，一般是对事物结构、材质进行逆向思维研究。

第三，因果逆向，即因果颠倒，寻找一种出奇的解决方案。

现实中使用这三种设计思路的例子很多，而且有很多很好的设计产品。反转型逆向思维为我们的设计思维提供了三个方向，使我们在设计中得到了很大的启发和帮助。创意的产生需要我们跳出惯性思维，寻找设计灵感的突破口，从而设计出意料之外、情理之中的产品。

（2）转换型逆向思维法

转换型逆向思维是指在使用常规思维手段很难解决问题时，转换角度思考，使用另一种手段，以使问题顺利解决。转换型逆向思维会使你跳出常规的思维模式，可以达到出人意料的效果。这种设计方法也就是从问题的侧方向分析问题、解决问题，这样能使我们的思路更加发散，不会因为问题的存在而限制自己的思维，给了设计者更多的空间去发挥自己的想象力。

（3）缺点逆用思维法

缺点逆用思维法是指分析事物的优缺点，从事物的缺点着手设计，将缺点转化为可用之处的思维方法。

9. 形象思维

形象思维就是以直观形象为媒介的思维方法，即运用形象来进行合乎逻辑的思维。其特征一是形象性，二是逻辑性，三是情感性，四是想象性，其中想象性是形象思维的根本性特征。形象思维是一种典型的创造性思维，被称为设计思维。

形象思维也是一种创新设计思维，它是在设计创作构思中融入情感联想和想象，通过展现事物的特征特点，进行具有艺术美感的创意设计的。设计者将所见的图形图案、听到的声音、嗅到的气味、身体的触觉感受等在头脑中形成感知记忆，每当触及新的现象时，脑海中类似的感知记忆就会被激活，从而引发出相似的联系和构思。

10. 复合思维

这是遵循单一的求同思维或定向思维模式求取答案的设计思维方法。即以某一思考对象为中心，从不同角度、不同方面将思路集中指向该对象，寻求解决问题的最佳方案的思维形式。在设想或设计的实现阶段，这种思维形式占主导地位。

二、创新思维

（一）创新思维的表现

创新性思维是思维的特殊形式，强调思维过程的变异性、跳跃性、突变性，强调思维结果的独特性和新颖性，相对于常规思维模式具有独特的表现形式。进行创新性思维的训练，可以提高设计师探索性、多向性、选择性、综合性思维的能力。创新思维的能力主要表现在以下几个方面。

1. 探索性思维能力

探索性思维能力是指在思维过程中，善于发现未知世界、勇于创造新结论的能力，体现在能否对传统已知结论、习以为常的事实产生怀疑，是否敢于否定大部分人群认为正确的结论，是否能提出自己的新见解。只有具有怀疑一切、刨根问底的探索意识，不论什么事情都问一个"为什么"，而不是人云亦云，才能对事物产生新的认识，提出新的设想。伽利略正是因为敢于挑战学术权威，才在科学试验的基础上提出了"自由落体"新理论，推动了人类认识自然、了解宇宙的进程。

2. 多向性思维能力

多向性思维能力就是打破传统的思维定式，使思维朝着正向、逆向、横向、纵向等多方向自由发展，在变化中寻求创新，在运动中发现机会的能力。

3. 选择性思维能力

人的生命是有限的，在有限的时间、空间中要获得成功必须要学会选择。在无限的创造性课题中，正确地选择就显得特别重要。学习、掌握什么知识，收集什么资料，展开什么分析，以及创新课题、理论假说、论证手段、方案构思等一系列环节的鉴别、取舍，均须做出选择。同时，创新性思维提出的构思方案具有独创性，可以参考的资料和经验都比较少，对结论的鉴别和选择就显得尤为重要。因此，产品创意设计师要在日常的生活中训练和培养分析、比较、鉴别的思维习惯。

4. 综合性思维能力

创新性思维的最终目的是寻找到解决问题的独特、新颖的方法，而在思维过程中产生的各种创意和构思都必须经过提炼和综合，即将大脑中接收到的信息综合起来产生出新的信息。为了提高综合性思维能力，产品创意设计师应该经常训练和培养对信息的概括和总结能力，以及把握全局、举一反三的能力。

（二）创新思维的过程

与其他思维过程一样，创新性思维活动的过程包括资料的准备阶段、思维的发散与孕育阶段、思维结果的总结与明朗阶段，以及思维成果的实验验证阶段，具体内容如下。

1. 资料的准备阶段

资料的准备阶段，即搜集与要解决的问题相关或相近的资料信息的阶段，包括发现问题、初步分析问题、搜集必要的资料等几个步骤。这是创新性思维活动的第一阶段，主要任务是收集和整理资料，储存必要的知识和经验，研究必要的技术。准备阶段的前提是已经确定了创新思维的明确目标，明晰了问题的基本属性，明白了关键矛盾所在。准备阶段不排除创新主体已提出了问题的初步解决方案，但解决方法并不成熟，正确性不高，确切地说可能只是肤浅的计划或预见。这是掌握问题、搜集材料、动脑筋的过程，即自觉的努力时期。

2. 思维的发散与孕育阶段

思维的发散与孕育阶段贯穿整个思维过程，主要是对前一阶段所获得的各种数据、知识进行消化和吸收，从而明确问题的关键所在，寻求解决问题的初步途径。这一阶段显性思维处于惰性状态，隐性思维即潜意识处于积极活动期，有些问题虽然经过反复思考、酝酿，但仍未完美解决，思维活动常常停滞不前，问题处于被"搁浅"的境地。这个阶段既有理性的逻辑思维活动，如对信息进行分解重组，反复地剖析、推断、假设等，又有不可被感知的思维活动，如潜意识的参与，也是灵感的潜伏期。

这个阶段的主要表现是苦思冥想，其中心内容是利用传统的、已知的知识和方法，对需要解决的问题做各种试探性探索研究，寻求满足设计目标要求和技术原理的各种可能的设计方案。技术原理可以是已知的，但需要加以变化、分解、组合。如果原有技术原理不能解决问题，还必须探索新的原理，或将已有的科学理论开发成技术原理。这个阶段持续的时间相对较长。

3.思维结果的总结与明朗阶段

此阶段也被称为顿悟期。在经过前一阶段的充分酝酿和长时间思考后，产生突变得到解决问题的重要启示，解决问题的途径和方法突然被找到。问题的明朗化有赖于创新主体的灵感或顿悟，这种思维是潜意识向显意识的瞬间过渡，是突然的、跳跃的和不能预见的。灵感的出现无疑对问题的解决十分有利，然而，灵感是在上一阶段的长期充分思考甚至过量思考的基础上经过总结才会产生的。

这个阶段的重要表现是思维活动经过长期的酝酿、潜伏，突然出现灵感，有了解决问题的不同寻常的方法。

4.思维成果的实验验证阶段

解决问题的方案可以依靠直觉、灵感来获取，但是需要进一步验证和完善。实验验证阶段是保证创新性思维成果具有可行性的关键阶段，是从思想层面向物质层面或行动层面转化的过程。通过理论推导或者实际操作，我们可检验上一阶段思维结果的正确性、合理性和可靠性，检验创新思维产物的可实施性、可推广性，及其社会影响力、存在价值是否符合预定目标，检验何种方案的创新价值最高、何为最佳方案等，从而确定一种方案并付诸实践。通过检验，很可能会把原来的假设方案全部否定，也可能做部分的修改或补充。因此，创新性思维常常不可能一蹴而就，一次性解决所有的问题，往往需要反复试验和探索。因此，这一阶段是对灵感突发时得到的新想法进行检验和证明，并完善创新性成果的过程。

三、灵感思维

（一）灵感思维概述

灵感是针对某一问题，人们借助于直觉启示而得到突如其来的领悟或理解的一种思维形式。它是创造性思维最重要的形式之一。灵感的出现不管在时间还是空间上都具有不确定性，但灵感产生的条件是相对确定的。它的出现有赖于知识的长期积累，有赖于智力水平的提高，有赖于良好的精神状态和和谐的外部环境。

灵感思维的过程即灵感的闪现，就是通常所说的"顿悟""豁然贯通"。它不同于一般念头的闪现，除了具有瞬息性外，还有直接或间接的目的性，常常是针对一定的问题而出现的，并使问题得以澄清或解决，既要达到顿悟的"悟"，又要达到豁然贯通的"通"。没达到"悟"和"通"的念头闪现，诸如突然想起某件事或某个人等则不是灵感。灵感思维是抽象思维和形象思维的一种特殊表现形式，是抽象思维或形象思维活动发展到一定阶段的一种升华。

（二）灵感思维的特征

一是突发性。灵感思维不同于一般的由感性认识积累上升为理性认识的思维过程，它是一种突然迸发的顿悟，通常是在一种不经意的情况下突然发生的。它何时发生或是由什么而触发往往带有很大的偶然因素，是不可预测的。

二是被动性。它往往不受思维主体控制，受什么东西启迪而触发或是何时会出现都不是创作者自己所能决定的，而是具有很大的偶然性。事实上，灵感的发生是创作者长期积累和反复思考的结果，对于单个的人或单一的事件来说，偶然性确实可以说无时不在、无处不在。

三是模糊性。由于灵感思维是非逻辑性、非线性的自由发散的思维方式，其整个过程必然带有模糊性的特征。

四是独创性。由于灵感将通常的心理定式和传统思维完全打破，因此其有着特殊的表现能力，同时不可复制也无法模仿。凡是有灵感思维参与的艺术创作活动，都具有非线性的独创性，这是灵感思维的本质特征。

（三）灵感思维的类型

1. 外因型灵感

外因型灵感指激发灵感产生的信息来自外界的偶然机遇。根据激发信息的种类不同，外因型灵感可分为现象诱导式灵感、实物启示式灵感、语言点化式灵感、书画启迪式灵感和情景触发式灵感五种。

第一，现象诱导式灵感，即触发信息为现象的灵感。因某种现象的诱导而产生灵感，是灵感产生最为普遍的一种形态。科学家在长期探索之中因某种寻常或奇特现象的诱导，以前百思不解的难题就会迎刃而解。

第二，实物启示式灵感，即触发信息为实物的灵感。在这种灵感里，触发物与创造物的构型或外形几乎完全一致，因此已经有充分准备的研究者一旦接触到这些事物，通过移花接木，就能获得新发明的设计构思。

第三，语言点化式灵感，即在交谈、讨论或学术交流中偶然得到某种外来闪光思想的提示而引发的灵感。由于每个人的文化程度、知识结构、理解能力等各不相同，思考问题的方式、特点和思路也会互有差异，因此在相互交谈中，不同的思路、不同的思考方式和特点互相融汇、交叉、碰撞或冲突，就能打破和改变各人原有的思路，使思想产生某种"飞跃"，进而迸发出灵感的火花来。

第四，书画启迪式灵感，即触发信息为文字和图画等的灵感。不少科学家在紧张的工作之余，总爱浏览书刊、报纸、画册等，既是消遣休息，又能了解有关动态，有时还能有意外收获——触发灵感。

第五，情景触发式灵感，即触发信息为某种生动、鲜明、富有新意的情景的灵感。不少有经验的科学家都喜欢在长时间的紧张思考之后让大脑暂时松弛一下，往往爱到风景优美的地方散步、休息。而幽静、美好的环境，能使人感到心旷神怡，更易触景生情，触发灵感。

2. 积淀型灵感

积淀型灵感指激发灵感产生的信息来自大脑内部的意识积淀，而不是借助外界事物的刺激，从而使长期冥思苦想的问题得到解决。当然，这并不是说积淀型灵感的产生不需要外界条件。这种有突破性的灵感常在恬静的书斋、幽雅的庭院、空旷的山谷或与其相反的惊奇的梦境等条件下才能产生。虽然这些环境不直接参与分析过程，不作为思维要素出现，却是这类灵感得以出现的必不可少的客观条件。根据灵感活动的特点不同，灵感可分为自由遐想式灵感和梦幻显灵式灵感两种。

一是自由遐想式灵感。即大脑在轻松状态下，不经意地横思纵想而产生的灵感。遐想的内容常是"不务正业"或"离经叛道"。自由遐想的主要特点是反常规、反定论，特别是当这种设想离现实比较遥远的情况下，往往更不被世人所理解。

二是梦幻显灵式灵感。即在梦幻中所产生的灵感。常言道："日有所思，夜有所梦。"梦境有助于触发灵感，但梦只会帮助"日有所思"者，尤其偏爱百折不挠者。

灵感思维无论是在科学研究还是现代技术领域中都具有重要的意义。技术发明的关键环节是提出创新性的设想。在现代技术方法中，无论是原理应用型技术方法、移植型技术方法、综合型技术方法还是革新型技术方法等，都是灵感在起作用。可以说，灵感思维是文化创意产品设计中很重要的一种形式。在文化创意产品设计过程中,人们通过灵感思维的形式使百思不得其解的问题迅速得到解决,并可以由此做出创意十足、推陈出新的产品。

四、双关设计思维

（一）双关设计思维的概念

双关是我国传统图案中一种应用极为广泛的变化手法,它使两个不相同的形象毫无违和感地结合在一起,既统一在一个整体中又不失变化。

各个时代的图形无不体现着人们在精神上、文化上和生活上的痕迹,图形作为视觉传达的一个重要组成部分,对社会有着重要的影响,它的出现不仅仅是对器物的美化,更寄托了一种情感。

（二）双关设计思维应用在文化创意产品中的设计原则

通过对传统双关图形的形态和内在情感的深入研究,我们可以发现传统双关图形的设计思维表现出以下三个主要原则。

第一,双关的两个形象或事物之间必须是相似或相适合的,符合自然规律或是人类认知范围内的双关,不能生搬硬套产生歧义。

第二,双关关系表义明确。双关的两个事物之间应具有易识别性,外在的存在形式与内在的情感表达能准确地体现出来,读得懂,看得明。

第三,具有设计美感。双关的核心在于"双美",其形态所表现的特点必须是二者皆美的。体现在视知觉上要表现出形态的美,在使用功能上要体现出使用的顺畅感以及愉悦感。总的来说,是能给人一种和谐感,不矛盾、不怪异,就像是事物本身就该如此一样。

第四章　文化创意产品设计的创新技巧

本章分为文化创意产品设计的步骤、文化创意产品设计的技巧与创新两个部分。主要包括文化创意产品的设计目标、设计分析、设计构思、设计展开等步骤，文化创意产品设计的头脑风暴法、联想法、简化法等技巧。

第一节　文化创意产品设计的步骤

一、设计目标

在文化创意产品设计工作中，通常会遇到这样的情况：随着设计的开展与深入，大量的信息和问题就会随之而来，这些问题让你无从下手。所以，我们必须在设计一开始就弄清楚创意产品存在的问题。

要弄清楚上述问题，必须将文化创意产品的设计放置于"人—产品—文化—环境"这一系统中。在这个系统中主要涉及人的文化与审美需求，产品如何承载文化，以及承载什么样的文化。而系统中的"环境"主要包含产品系统环境以及社会人文环境，只有在这个系统之内考虑文化创意产品的设计，才能完全确定设计问题的存在形式，进而明确设计目标。

二、设计分析

进行设计研究、分析问题、设计市场所需要的文化创意产品，是每个设计者都清楚的流程。设计活动不是封闭的活动，而是由设计师综合产品机能、社会文化等因素进行编码，然后由消费者进行解码的符号性活动。而对于文化的编码必须站在消费者的认知角度进行，所以要应用创意方法将文化的内涵与当代的生活方式、审美情趣、文化心态相结合。

设计的成功与否，关键在于设计师的编码和消费者的解码过程是否统一。如果消费者能够在文化心态和审美趣味等方面认同产品，那么说明这个设计是成功的，反之则是失败的。要想使设计取得成功，就必须站在消费者的角度对文化创意产品的诸要素进行分析，力求将设计中将要涉及的问题分析透彻，做到心中有数。

（一）准备调查

了解各种存在的问题，在必要的范围内对市场需求做调查，分析现有技术的应变可能性，初步确定性能标准（产品性能说明书），对假设性问题予以确认。调查的内容包括社会调查、市场调查和产品调查三部分，依据调查结果进行综合分析，提出相关措施。

（二）收集整理信息

通过市场调查，收集整理有关的产品资料，其中包括产品的功能、原理、操作方式、技术特性、材料特性、零部件规格、应用场合、使用者类别、地域性因素和同类产品的竞争资料等。

（三）可行性分析

在收集整理产品资料的基础上，对产品的结构、功能、造型、色彩、材料、成本、规格、广告设计等方面做详尽合理的分析研究，为可行性分析奠定基础。

三、设计构思

构思创意指在可行性分析的基础上，画出产品结构图、制出工序流程图初稿，并制定出相应的技术规范、质量要求和工艺标准，同时进行成本核算。在此前提下，对产品的形制、内涵从精神、物质方面进行构思，即通过功能和审美两个渠道确立产品的主题，包括产品的外延、内涵、指示符号、图像符号和象征符号等。设计构思创意是设计师创造能力充分展现的阶段。在构思创意中，创造性思维和技法的灵活运用或交叉使用非常关键，如"智力激励法""属性列举法""计算机辅助设计方法"等，能使构思得以完美体现。构思阶段中的创造性技法的运用使设计主题通过草图、草模等形式初步展现。草图是捕捉灵感火花的手段，也是传达设计师思想的工具。草图的绘制要求是能够较为准确清晰地表达概念和重要部分，不追求细节的完善和完整，形式可分为理性草图、样式草图等。草模也称粗模，即设计展开前的初创模型。草图为平面形式，草模为立体效果，均能帮助设计师进行合理性的论证。

就文化创意产品设计而言，构思需要分为三个层次，即创意概念构思、象征符号构思和感性审美构思。

（一）创意概念构思

从整体的角度检视轮廓、造型及被强调的部分，主要是看对于所理解的文化是否通过色彩、形体、线条等得以表现；通过运用创意方法，文化与当下生活方式是否得到了很好的结合；在设计研究阶段所遇到的设计问题是不是得到了很好的解决。如果对以上问题的回答都是肯定的，那么该设计方案就对设计概念进行了很好的诠释。

（二）象征符号构思

在创意概念的基础上，对设计所采用的具体设计元素进行符号化的加工，站在消费者对符号的解读角度进行符号设计的创造并融于创意概念之中。具体而言，就是审视立体的部分与面的构造来决定物体的特征及图样，表现出体量感，以便进行细致的构思、推敲。

（三）感性审美构思

对文化产品的视觉方面进行处理，应用形式美的法则对表面的精致线条、配色、质感等进行处理，精心处理产品的细部，展现设计创意的魅力，使整体达到最佳的效果。

四、设计展开

设计展开即新的设计的正式展开阶段，包括对设计品的性能和标准的补充，各环节细部设计的展开，预备阶段目标设计的实施，构思创意的完善和具体表达，技术性能和生产成本的预测，对设计品的性能进行论证等。设计展开阶段大体分为两个方面。

（一）方案设计展开

方案设计的主要任务是正确地进行造型，确定新产品结构和基本参数，这是设计的基础。进而是设计的定案，包含两个内容：一是对构思阶段的多项设计方案进行优化选择，经过评估确定一个最佳方案；二是针对该方案运用正确、合理的表现手法使之形象化展现，为生产制作做好充分准备。

（二）设计工作展开

技术设计阶段主要是将最佳设计方案的初稿具体化，进一步确定产品的各项指标。它作为产品的定型阶段，是整个产品设计程序中的重点阶段，主要包括制作设计效果表现图和设计模型。

设计效果表现图包括设计预想图（效果图）和设计图（施工图）两类，是表达设计方案意图的主要手段。

设计模型即按照设计品预想的成品形式及结构比例制作设计样品，是对成品的造型、内部构造、功能、使用方式等方面的实态展示。

设计定案后，按照预定规格编写包括上述各项设计内容的全部说明性报告文书，以表现图、模型照片和文字的综合形式提出各个环节项目的理论依据，并提供主要参考资料。至此，设计展开阶段的工作就基本完成了。

五、设计评价

设计评价是指在设计过程中，对解决设计问题的方案进行比较、评定，由此确定各方案的价值，判断其优劣，以便筛选出最佳设计方案。设计评价的意义在于，首先，开展设计评价能有效地保证设计的质量，充分、科学的设计评价使我们能在众多的设计方案中筛选出满足目标要求的最佳方案；其次，适当的设计评价能减少设计中的盲目性，提高设计的效率。

文化创意产品设计中的设计评价有三个特点。

一是评价项目的多样性。文化创意产品设计涉及的领域极广，考虑的因素非常多，较之一般产品设计更为复杂。因此，在设计评价的项目中，创意性、体验性、符号性、审美性等指标要重点考虑。

二是评价判断的直觉性。由于文化创意产品设计评价项目中包含许多审美性精神或感性内容，在评价中将在较大程度上依靠直觉判断，即评价的直觉性特点较为突出。

三是评价结果的相对性。正是由于评价中的直觉判断较多，感性和个人经验的成分较大，文化创意产品设计的评价结果较多地受个人主观因素的影响，特别是评价者自身的文化背景和价值取向很容易影响到评价的结果，更具相对性。这是值得重视的。

六、设计生产

模型的制作在形态上要求有真实产品的效果，因此产品各部分的细节要表现得非常充分。这样也便于设计师能更有效地在产品细部方面做进一步推敲与修改，有利于设计概念的进一步完善，同时为后续数字模型的生成提供参考，以便最终投入实际的生产。当然，有些纯手工制作的文化创意产品是不需要这一步的，而是在创意定稿以后直接进行生产。

（一）辅助生产和销售

设计展开工作完成后，设计人员还应该在辅助生产过程中参与技术调整和生产质量检查环节。产品的市场流通也需要设计师对包装、运输工作做指导性和辅助性的设计、规划。

（二）试产和批量投产

设计师的方案移交生产部门进行生产并不意味着设计的结束。虽然在方案设计阶段已充分考虑到生产环节可能出现的各种问题，但是，具体实施中还会出现许多意想不到的状况，要求设计师及时调整设计方案，与生产部门沟通共同完成设计的成品化过程。这个过程要经过试产和批量投产两个阶段。

1.试产

试产时间、数量、方法等问题通常由生产部门决定并组织实施，设计师的任务是对试制的产品原型给予相应的审核、评价和修正，使其更符合并达到方案的原创效果。以产品包装设计为例，当设计师将包装设计方案交予印刷厂后，作为生产部门的厂方将组织人力进行样品的试制生产。由于生产人员的素质、理解力和经验、习惯不同，试制的样品与设计方案常常有较大的出入；同时设备、技术条件也成为实现原创方案的影响因素。为此，设计师必须对样品进行合理审核，找出问题，使成品趋于完善。

2.批量投产

批量投产指的是试产之后的正式生产，是把修正后的设计样品投入重复生产的过程。批量投产与个别样品试产的差别体现在制作方法以及人力、设备、技术、能源等方面的合理搭配上。设计师作为协调各因素的积极参与者，应当配合生产部门提出相应建议和意见，力求达到质量标准。

（三）试销和销售调查

从上述过程可以看出，从信息准备到设计方案的确定，反复是不可避免的，甚至是必要的。这是设计程序的一大特点。试销和销售调查是在生产展开的基础上借助市场实现的。为保证开发与市场发展方向一致，销售与试销应该同步进行。一般归纳为以下几个方面：根据试销的市场发展趋向进行设计产品的再审查；从销售渠道中获得可靠的试销信息，对产品成本进行核算，以便扩大市场效应；通过试销和抽样调查，找出市场、生产、设计样式等方面存在的问题，以便在正式投产前解决；根据试销和市场调查，对产品的性能、标准、操作方法进行修正。

（四）生产和销售

经过试销和市场调查之后，必须对设计的全过程进行总结和评估。

在销售过程中，促销活动是设计管理的重要任务之一。促销的目的是开拓流通渠道和销售市场，它是通过向消费者正确传达产品的设计概念，使其对产品形成良好的印象而实现的。企业应正确选择媒体、确定宣传诉求点、保持宣传中产品形象和企业形象的一贯性，从而形成品牌效应。

第二节　文化创意产品设计的技巧与创新

一、文化创意产品设计的技巧

（一）头脑风暴法

美国创造学家奥斯本于1901年最早提出该创造技法，又称脑轰法、智力激励法、激智法、奥斯本智暴法，是一种发挥群体智慧的方法。"头脑风暴法"必须明确而具体地列出思考的课题，同时在主持人的召集下，由数人至数十人构成一个集体，这些成员由专业范围较广泛的互补型人才组成。

头脑风暴法一般分三个步骤进行。首先，确定议题。会议前两天将明确的议题告知与会者，议题内容简单具体，易于产生创意，以便他们会前有所思考。与会者以10—12人为宜，会议主持者要营造幽默风趣、轻松又充满争辩的气氛，引导大家思索。其次，脑力激荡。这是产生创造性设想的阶段，时间一般控制在半小时至1小时之间。必须让与会者敞开思维，不受任何约束，可以异想天开，胡思乱想，想法越新奇独特越好。与会者在这个阶段不允许发表任何批评或怀疑的看法，无论是心理还是语言上都不能批判和否定自己或别人，以确保自由畅想空间的扩展。鼓励在别人的想法上延伸发展出新的想法，以推进群体思维的链式反应。以量求质，构想越多，获得的好的创意点子可能就越多。再次，评估筛选。对会议中提出的种种创意构想进行评估筛选，按照实施的可行性进行分类，去芜存菁，最后从中选择一两个最佳创意构想方案。

（二）联想法

联想法是一种依据相似、接近、对比等联想思维来进行创造的方法。任何两个概念（词语）都可以借助想象建立关联性，并使这种关联性产生新的创意构想。

例如，把可口可乐和足球联系起来、剪刀和美女的腿联系起来等，正可谓"思想有多远，你就能走多远"。联想创意法具体分为接近联想、类似联想、对比联想、因果联想四种方式。比如当你感受到中国文化时，就会联想到诸如唐诗宋词、书法、文房四宝等。

这种方法很多时候需要依靠设计师的经验和直觉，但在文化创意产品的具体创作中更为直接的方法是兼具类似、接近、对比联想的直角坐标组合联想法，这种方法是将两种不同的事物分别写在一个直角坐标的 X 轴和 Y 轴上，然后通过联想将其组合在一起，如果它是有意义并为人们所接受的，那么它将成为一件新产品。

（三）简化法

简化法应用在文化创意产品设计中，通常以所需文化元素为源泉，对其造型与视觉纹样元素进行分解与简化，使文化创意产品在保留相应造型或产品形式的基础上，体现现代简约特征，并选择相应数量的纹饰运用到产品上，将其转化为创意产品装饰图案，赋予文化创意产品新的功能和内涵。对产品形式的简化，一方面，舒缓了消费者的视觉压力与文化认知压力，另一方面有助于文化创意产品进行大批量生产。

（四）变形法

变形法是对能够反映相应文化的物品的造型、纹饰等，进行或拉大、或缩小、或分裂、或聚合等夸张变形的手法，也是现当代艺术设计常用的设计手法。

（五）移植法

移植法发源于工程技术领域，是指将某一领域里的科技原理、方法、发明成果等，应用到另一领域中去的创新技法。例如，鲁班因看到带齿的茅草割破了皮肤而发明了锯子；美国发明家贾德森所发明的应用于衣、裤、鞋、帽、裙、睡袋、文件包、文具盒、钱包、沙发垫等的拉链，目前应用于病人伤口的缝合，为需要二次手术的病人减少了痛苦。

文化创意产品创意中的移植法并不是对一个科技原理的移植，而是对一种情趣、意象、情感等感性成分的移植。比如，设计师都对可爱文化有所理解，然后利用色彩、造型以及材质将这种情感或意象转移到具体的产品上，让使用产品的消费者同样也产生这样的感觉。

（六）影像创意法

这是目前大部分设计师都惯常采用的创意方法，即在创意构想时，在脑海中进行形象的勾画。运用创造性思维对萌发的创意形象进行反复打造修改，力求孕育的创意形象逐渐清晰具体化。

在构想过程中设计师往往处于一种冥思苦想的状态，一旦脑海中的创意形象轮廓清晰时，即用笔在纸上勾画出来。这时一般会有两种可能存在：一是在纸面上勾画出来的创意构想形象与脑海中勾画的形象有较大的出入，从而否决了此创意构想的可行性，于是另起炉灶重新开始；二是在纸上勾画出来后，雏形尚可，但还不尽完美，在纸上反复勾画后使创意构想有了进一步的完善，最终使创意构想得以成立。

还有一种情况就是创意构想一下难以深化，在纸面上处于停滞的状况，此时设计者只有暂时搁置下来，又回到脑海中去继续思考与勾画，直至灵感闪现，待找到设计"感觉"之后再回到纸面上进行验证，经过多次反复，最终才能产生一个新颖独特的创意构想。

（七）设问法

设问法，即主要针对已存在的文化创意产品提出各种问题，通过提问发现原产品创意以及设计方面的不足之处，找出需要和应该改进的地方，从而开发出新的文化创意产品。设问法主要有"5W2H法""奥斯本设问法""阿诺尔特提问法"等。

在文化创意产品设计当中比较常用的是"5W2H法"。"5W2H法"是从七个方面进行设问。详情如下：

Why——为什么要革新？

What——革新的具体对象是什么？

Where——从哪些方面着手改进？

Who——组织什么人来承担？

When——什么时候进行？

How——怎样实施？

How much——达到什么程度？

在文化创意产品设计中其含义就具体化为如下问题：

Why——为什么要进行这个文化创意产品的设计？

Who——什么人使用这个产品？

When——什么时候使用？

Where——在什么地方使用？

What——什么产品或者服务？

How——如何使用这个文化创意产品？

How much——产品或者服务的价格。

对文化创意产品设计中的这七个问题进行不断思索和回答的过程，就是不断形成新产品概念的过程。

二、文化创意产品设计的创新

（一）文化创意产品设计理念的创新

1. 坚持以人为本的核心理念

在人们生产生活的各个领域中都贯穿着以人为本的理念，以人为本理念同样是现代设计的核心。产品设计要始终以消费者的需求为立足点，不管是产品的材料、外观造型还是功能、工艺技术等，都要将消费者的需求摆在首位。"以人为本"是以"人"为中心，但随着内涵的不断丰富，除了要考虑人，还要考虑人与产品、人与自然、人与社会以及人与人之间的关系。

"以人为本"设计理念的另一个表现层面是个性化。每件手工艺品都是借助不同的材料、工具，通过不同的工匠之手制作而成的，都是独具匠心、风格迥异的，体现出了工艺品的个性化。个性化是个人喜好特征的一种表达方式，并通过产品色彩、产品造型、科技、功能、情感等方面来表达。个性化是个人文化思想、兴趣爱好、观念的表现方式，有着独特性。产品设计师要充分利用传统工艺类文化创意产品个性化的这一特点，从传统工艺中找到具有独特性的元素，并将其赋予到文化创意产品中，彰显文化创意产品的独特性。

2. 追求绿色设计、可持续化设计

"物尽其用""天人合一"等哲学观念成为传统工艺内在的指导思想，尊重自然，维持人与自然之间的和谐也是传统工艺推崇的设计理念。工匠们用于制造手工艺品的原材料来自大自然，因此对自然的尊敬程度是现代人所不能达到的。随着工业化社会的发展，环境问题日益突出，文化创意产品如何能实现绿色化、可持续化的发展是当前人们需要迫切解决的问题，也是难度较大的问题。

绿色设计的核心是保护环境和资源。绿色设计主要遵循"3R"原则，即减小能源的消耗（Reuse）、减少环境污染（Reduce）以及重新利用产品和零部件

（Recycle）。随着时代的发展，绿色设计理念慢慢从关注产品，不断扩大到将产品的运输、外包装以及营销模式等各种因素考虑在内。设计师在进行传统工艺类文化创意产品的设计开发时，要对绿色设计理念和可持续发展的理念进行深入分析和理解，全面地、系统地进行创意设计，引导消费者形成绿色的消费观念。

设计师在进行文化创意产品的设计时，需要重视以下几个方面的问题。

首先，秉承减少环境污染的原则，合理选取环保的绿色原材料和可以降解的原材料，对传统工艺在使用原料中存在的不足之处进行摒弃，采用新材料进行加工制作。

其次，为方便运输拆卸，减少产品身上无用的装饰，追求产品的简洁包装。

再次，追求一物多用，增强产品的功能性。

（二）文化创意产品设计元素的创新

对设计元素的提炼是设计师需要首先思考的，它并不是对设计元素的照搬利用。在现代设计中，设计元素需要被提取、转化、抽象和重构。这要求设计师从丰富的文化传统中去捕捉和发现美的元素，使其成为自己创作的素材。同时，对这些提取的元素进行转化和抽象，根据格式塔原理和形式美进行再创造。用现代的审美观念去重新理解和挖掘传统文化的精髓，还需要具备全球化视野，使设计元素与设计作品完美结合，只有这样，才能使地域文化和本土文化，得到更广泛的传播。

在丰富多彩的文化中，要优先选择兼具艺术性和地域性的元素进行创作，在保持文化基因的基础上进行创新，使消费者能快速建立文化创意产品与文化的联系。

形式美法则是艺术形式的一般法则，它是形式构成的规律。因此，可以根据形式美法则对设计元素进行创新。

一是变化与统一。变化体现了事物的个性与差别，统一体现了事物的共性和联系。因此，在对设计元素进行创新时需要在原有的基础上产生一定的变化，但也不能将基本元素变得面目全非，需要保留其基本特征和识别性。

二是对比与调和。同一因素差异程度比较大的条件下会产生对比，差异程度小则表现为协调。

三是比例与尺度。适度的尺寸变化可以产生美感，如"黄金比例"，它的比值为0.618。因此，在对元素进行创新时可以考虑将元素的比例与尺度进行优化，没有必要完完全全忠实于原本的尺寸，可以重新协调元素的部分与部分之间、部分与整体之间的比例关系。

四是对称与均衡。对称是指一个轴线两侧的图形能完全重合，均衡则是视觉和心理上的平衡。因此，在对设计元素进行创新时可以将非对称的设计元素作对称化处理，使本身对称的设计元素找到新的对称轴而完成新的对称。

五是节奏与韵律。这是指借用音乐的概念对视觉流程的动态过程进行描述。因此，在对设计元素进行创新时可以处理设计元素的疏密、大小、虚实、渐变，创造一种流动的视觉效果。

（三）文化创意产品功能结构的创新

针对文化创意产品设计的功能结构创新而言，以我国传统文化中极具代表性的文房四宝类书画用具为例来进行分析与论述。在当前的书画用具产品中，对其进行功能结构创新的设计较少，虽然在形制和装饰元素上对传统的文房四宝进行了有效传承，实现了文化印记的保留，但如此一来就需要现代人去适应古代人的生活方式。在古代，文房四宝多是放置于较为宽大的桌案之上，古人的桌面主要用于摆放各种文房用具。但如今，人们的生活方式已经发生了翻天覆地的变化，现代人的桌面用途与古人的桌面用途存在着较大的差异。特别是对于居住空间较为有限的普通人而言，其家居空间多是追求简约以及功能性，书桌多为定制的，以此节省家居空间。现代人的桌面不仅需要放置文房四宝等书画用具，同时还会根据工作需要摆放诸多办公产品，如电脑、现代办公文具、台灯以及各类文件书籍等。如此一来，桌面环境就较为局促，这就需要设计师对古代文房四宝类书画用具进行形制上以及结构上的创新设计。此类文化创意产品既需要保留传统的功能与结构，同时又要实现产品设计的集约化与便利化；既要满足人们对书画用具的功能性需求，又要使其可以更好地满足现代人的使用需要。

（四）文化创意产品设计的地域化创新

每类地域文化都有其独特的历史背景和历史价值，每个区域的典型建筑、植物、动物、饮食、特产、文化都可以成为文化创意产品的设计元素。地域文化是创造独特的文化创意产品的基础。要能够从中抽取代表性元素，准确、完整地表达地域的特点和文化内涵，设计独特的高品位文化创意产品。

第一，突出地域文化特色。进行区域性文化创意产品设计开发的第一原则就是突出地域文化特色，由于我国临近区域之间的文化具有趋同性，因此，设计人员在考虑文化元素设计时，应该对当地的特色文化进行深入挖掘，在产品设计中体现出地域文化的独特性。对于具有相似性的地域文化，设计人员一定要加深对当地文化的理解，找到文化独特性的设计点，避免出现同质化与符号化的现象。

第二，实现地域文化现代化。鉴于很多地域文化及民俗元素都年代久远，虽流传至今，但显得较为陌生。因此设计师可以深入分析其内部的精华之处，对其形象和寓意进行现代化的设计尝试，让地域文化元素能够在当前的文化创意产品设计中，发挥自身最大的潜力和价值，促进文化创意产品特色与内涵的建立与丰富。

第三，实现审美追求的多样化。社会的发展促使人们的审美观念得到了极速的发展，那些同质化现象严重的文化创意产品已难以吸引消费者的眼球。因此设计师要以发展的眼光看待地域文化元素，开发出符合现代人审美需求的多元化的文化创意产品。

第三，满足更加合理的功能需求。功能较为单一的文化创意产品难以在当前的文化市场中站稳脚跟。设计师必须开阔视野，以发展的眼光审视设计的过程，并大胆将产品设计成不同的模块，融入系列化的特点，以地域文化为突破口，实现形式与功能的统一，让更多的人对文化创意产品产生兴趣。

第五章　传统工艺在文化创意
产品设计中的应用

随着时代的发展以及人们生活方式、审美意向的改变，在文化创意产业的热潮下，文化创意产品设计应运而生，它将传统工艺与现代设计思维相融合，逐渐发展成一种趋势和潮流，诞生了一批具有民族特色和审美意味的文化创意产品。现代设计和传统工艺的碰撞，为传统工艺的传承和发展做出了贡献，同时也为文化创意产品设计注入了新的活力。本章分为大漆工艺在文化创意产品设计中的应用、金属工艺在文化创意产品设计中的应用两部分，主要包括大漆工艺的认识与研究、漆艺元素在文化创意产品中的运用等内容。

第一节　大漆工艺在文化创意产品设计中的应用

一、大漆概况

（一）大漆

大漆又称为生漆、土漆、天然漆、国漆，是从漆树上分泌出来的一种树脂，人们称之为天然涂料。

中国是世界漆树最大的产地，我国漆树大致分布在北纬 25°—42°，东经 95°—125°。多分布在亚热带、暖温带地区，海南至广州，西藏至东海之滨，都有漆树生长。现在漆树除在我国外，日本、朝鲜、越南、印度也有漆树分布。

日本所生产的大漆干燥性较好。近些年来，日本为迎合市场需求，通过高科技手段对天然生漆进行改良处理，成果颇丰。韩国产的大漆品质很好，漆酚成分含量高，干燥时间很短，漆膜硬度也很强，但由于产量低，价格高于日本和中国，因此韩国多进口中国漆。作为东南亚产漆大国的越南，千百年来深受中国的影响，与此同时又致力于本民族的独特创新，在漆树种植和漆液加工（特别是黑漆）方面成果突出。

（二）大漆特性

大漆的物理性能：大漆干燥后，形成的漆膜十分坚硬，相关数据表明大漆漆膜硬度值可达 0.89。漆膜具有光泽，光泽柔和，出土的几千年前的漆器仍有光泽。漆膜耐磨性能好，漆膜不仅耐磨，有时还会越磨越光亮。漆膜针孔非常少，密封性很好，这就是漆器在地下埋藏数千年，表面漆膜难以被土壤、水、细菌侵蚀的原因之一。大漆附着力强，与木质结合很好，作为古代建筑、家具的涂料不易脱落。相关数据表明，大漆掺入瓷粉后，与钢板的结合力可达到 70 千克 / 每平方厘米。漆膜有很好的绝缘性能，常用于军工、化工等行业。漆膜还有较好的防辐射性能，是原子弹防辐射涂料之一。

大漆的化学性能：大漆干燥后的漆膜耐水、抗潮、耐土壤腐蚀，浸泡于沸腾的食盐水、蒸馏水中无明显变化。从出土的大量漆器来看，漆膜对土壤腐蚀有很好的抵抗性。相关文献记载，漆膜有很强的耐热性能；漆膜还耐许多气态、固态、液态化学介质的腐蚀，如可耐常温下浓度为 80% 的硫酸的腐蚀。

（三）中国大漆工艺发展简史

中国漆工艺有着悠久的历史，目前发现最早的漆器为跨湖桥遗址出土的漆弓，距今已有 8000 多年的历史。在这 8000 多年的历史长河中，人们利用自身的智慧，发明创造了多种大漆工艺。

新石器时代的漆器多为木胎，有挖制和斫制两种制胎方法。

商代时期，漆器数量逐渐增多，胎除了木胎外，还出现了陶胎和铜胎，装饰手法除了继续沿用彩绘，还出现了蚌泡、宝石等材质镶嵌技法。西周春秋时期，出现了竹胎、石胎及夹纻胎，夹纻胎的出现是漆工艺的重大进步，使漆器更加轻便。

战国时的漆工艺出现了第一次繁荣，工艺、造型不断地创新发展，因漆器具有特有的轻便、耐磨、防腐蚀等特点，它逐渐取代了沉重的青铜器，被人们所喜爱，应用于日常生活中的各个方面。彩绘技法流行于一时。秦、汉时期，胎骨制作方法大致为挖制、卷制，其中木胎卷制工艺得到了更为广泛的应用。

在装饰手法上，秦汉时期与战国时期基本相同。西汉时还采用了针刻、戗金、堆漆、贴箔、镶嵌金银片等新工艺，使得漆器的花纹图案更加艳丽。

东汉、三国时期，出现了犀皮漆器。隋唐时期，漆器的地位逐渐被瓷器取代，但工艺发展得更加精致，金银平脱、螺钿镶嵌工艺达到较高水平，并且出现了雕漆工艺。

宋、元时期，一色漆工艺成为当时的一大特色，雕漆工艺在元代达到了登峰造极的地步。明清时期，突破了单一技法的运用，将不同工艺技法结合使用，出现了"千文万华"的盛世。

民国时期至 20 世纪 80 年代，中国大漆工艺的发展较为缓慢，但仍在中国工艺美术史中写下了颇为壮丽的篇章。尤其是福建的脱胎漆器、扬州的百宝嵌、北京的雕漆工艺，世界著名。

20 世纪 80 年代以后，为了重现中国大漆工艺的昔日光彩，许多仁人志士奔走努力，陆续在全国各地艺术院校开办漆艺专业，从而使得这门传统技艺在现代艺术教育的体制中重新焕发生机。

近年来，随着国家为保护和发展濒临失传的传统工艺文化而采取的一系列举措的实施，不少地方的传统髹漆技艺也被列入全国非物质文化遗产保护名录。但不容乐观的事实是，一方面，传统大漆工艺进入高等美术院校之后，仅在漆画创作方面获得了长足的发展，全面传承与发扬漆艺文化方面却始终没有摸索出明确的方向，缺乏有效发展的途径，不仅不能与民间漆艺相互嫁接，甚至明显有以"艺术"之名排斥民间漆艺的倾向。尤其是伴着化学漆材料在时下漆画教学与创作领域的泛滥，以天然漆为材料的传统漆艺文化与技艺，正在消亡，而不能切实起到"保护"和"传承"的作用。另一方面，少数掌握传统技艺的地方与民间漆艺行业，在工业化和现代化步伐中失语，且不具备针对新时代审美趣味的新型产品的研发能力，他们所掌握的传统技艺很难在现实生活层面找到可被"利用"和"可持续发展"的空间，许多优秀的大漆工艺技法已濒临失传。

二、大漆工艺研究

（一）中国大漆工艺研究

中国大漆工艺技法多种多样，丰富至极，因此创造出了千文万华的装饰效果。

大漆胎体就有木胎、金属胎、玻璃胎、脱胎等多种底胎。脱胎乃是中国最为著名的胎底技法之一，福州的脱胎漆器享誉世界。脱胎使看起来沉重的漆器变得十分轻便。目前最常见的脱胎技法为石膏脱胎和苯板脱胎，通过在石膏、苯板上刮灰、裱布、髹漆来进行塑型，再去除石膏、苯板胎体，利用夏布的张力及大漆的黏性将布、漆灰、漆紧密结合在一起，达到塑型的效果。

　　大漆装饰技法亦有很多种，包括髹涂、彰髹、镶嵌、刻填、磨绘、描绘、雕漆等，这些技法的巧妙运用，使得大漆装饰效果丰富多彩。

　　髹涂，髹涂有厚料髹涂、薄料髹涂、研磨髹涂、罩染髹涂等技法。髹涂技法中最为重要的是髹漆的功力，素髹不加任何纹饰，对髹涂的功力要求极高。在漆表面不能有刷痕、不能漏下层漆或漏灰，只有这样，才能达到素髹纯粹的效果。

　　彰髹技法可以运用自然界的任何东西，如兽骨、树叶、米粒等都作为介质起纹，进行彰髹，同一介质，不同的套色顺序，不同的研磨力道，可达到千变万化的装饰效果，所以也称彰髹为变涂，取千变万化之意。

　　镶嵌技法，利用漆的黏性，可将螺钿、宝石、金属、蛋壳等天然美材运用于大漆装饰中，使大漆装饰效果更加丰富。其中蛋壳镶嵌最为著名，常常被漆艺家运用于漆画的创作中，以代替漆中缺少的白色。

　　刻填技法是指将漆层积到一定的厚度，利用刻刀、针等工具划刻出阴纹，在阴纹中填金、银或色漆来进行装饰。历史上最为著名的刻填技法为戗金，在阴纹中填金，漆的黑与金的亮产生强烈的对比，能达到突出纹样的效果。

　　磨绘技法是在漆面上撒漆粉或金属粉，或描绘色漆，再进行研磨，以磨为画进行减法装饰的一种综合性的装饰技法，此技法对研磨手感、力道要求很高，不同的力道磨绘出的效果不同。

　　描绘技法，即用毛笔在胎体上进行纹样绘制，不需要罩漆、研磨和推光，因此对绘画功底有很高的要求。

　　雕漆技法是中国又一种享誉世界的工艺技法，中国各地的雕漆中以北京雕漆最为著名，常常作为国礼赠送于外国友人。雕漆，即将漆层积到一定的厚度，利用刻刀进行纹样雕琢，使整件作品的纹样更具立体效果。雕漆除红色外还有红黑、黄黑相间的雕漆漆色，被称为剔犀。

（二）日本大漆工艺研究

　　日本是大漆工艺较为发达的国家，日本的漆器在英文中被称为"Japan"，与我国瓷器"China"在世界的知名度一样，可想而知日本大漆工艺的发达程度。日本漆艺在中国漆艺技术的基础上，融合本土文化进行创新发展。日本民族的严谨精细性格也反映到了日本大漆工艺中，极为精致细腻的莳绘工艺成为日本大漆工艺的一大特色。日本莳绘工艺在中国金银平脱工艺的基础上，融合韩国螺钿镶嵌及越南的粘贴工艺来表现日本的本土文化内容，极具日本特色。莳绘工艺主要有"研出莳绘""平莳绘"和"高莳绘"。

（三）韩国大漆工艺研究

韩国的大漆工艺以螺钿镶嵌工艺最为著名，韩国的螺钿镶嵌工艺发展于高丽王朝时代，兴盛于朝鲜王朝时代，小到应用于碗筷、梳，大到应用于大件家具。由于近海的优越地理位置，韩国相对于其他地区对不同的螺钿研究更加深入到位。

（四）越南大漆工艺研究

越南漆艺深受中国漆艺的影响，并致力于发展具有自身特色的大漆工艺，磨漆画已成为越南大漆工艺的代表。

三、中国大漆工艺的发展方向

（一）让大漆工艺回归生活

当物质生活发展到一定水平，人们便会厌倦工业制品带来的人与自然的疏远，呼唤人与自然的和谐，呼唤传统文化的复归，追寻生活的艺术，追求审美享受。手工制品所蕴含的人文价值将重新被发掘。中国人在新时代重新发现中国漆器的文化价值。服务于现代生活、体现现代审美价值的现代漆器，将作为文化的载体，再次走进已经富起来的中国人的生活。"

如何才能让大漆工艺回归生活，首先要做的是提升社会大众对大漆工艺的认知度。这需要政府、美术馆、艺术家和媒体的配合。其中，一个非常有效的方式就是政府出资让美术馆定期举办以漆艺为主题的展览。这样可以给艺术家一个长期稳定的可以展示作品的平台，对提高大漆工艺创作水平有很好的作用。媒体也应在展览前后进行大力的宣传。

除了政府的支持外，民间组织和企业也应该协助美术馆办好展览。展览不能只停留在展示大漆工艺作品上面，还应有学术交流以及作品推广等一系列举措，最终要让部分艺术家的作品进入市场。让大漆工艺回归生活还要有大量的中低端漆艺产品可供一般老百姓购买。这就需要生产漆艺品的企业引进新的设备和技术。

中国现代大漆工艺品的生产仍停留在作坊式的模式，这方面应该尽快学习日本、韩国的先进经验，引进机械化设备，降低生产成本，可以批量生产低档生活用品，使漆器能尽快在生活中普及。中档大漆工艺制品可考虑用机械和手工相结合的技法制作。

此外，政府要转变观念，对于大漆工艺的认识不能只停留在直接的经济价值方面，而应该注重其无形的文化价值及间接的产业价值。根据韩国的成功经验，大漆工艺等传统技艺的发展离不开国家在资金等各环节上的大力支持。中国对生产大漆漆器的企业应有政策上的支持，对生产大漆的企业给予减免税的政策，以促进中国大漆漆器产业的发展。

（二）加强大漆工艺教育

1. 继承传统，保护和创新民间漆艺

任何国家的发展都不能脱离传统文化，优秀的传统工艺是民族精神、道德传统以及凝聚力、亲和力的载体，是中华民族的文化财富。设计其实就是一种文化选择，这是设计的本质。

漆艺教学要积极引进全国的漆工艺美术大师来进行传统漆艺教学。一方面让学生对传统的漆工艺作品的样式风格进行学习、研究，提高学生的艺术修养与审美能力，并激发他们对中国传统艺术的兴趣和热爱，同时要让学生了解中国美术史、中国绘画史、中国传统哲学及中国传统文化中技术与思想的关系，使学生了解中国传统文化的博大精深。另一方面还要学习创新的观念。创新是设计的灵魂，只有在设计教育中始终贯彻创新的精神，才能使设计永葆生机，才能使设计教育通畅地运行。设计院校应该将创新意识融合到设计教学中的每一个环节，培养学生能创造出既蕴含民族精神又有现代审美价值的漆艺作品。

2. 教学场地实行工作室式教学

创新设计的前提是实践，只有通过实践，才能积累大量的设计经验，才能发现问题，从而产生好的新设计。因此要打破单一的教室授课模式，实行学生第一学年就进入工作室学习的模式，让学生尽早进入专业学习状态。实际操作对培养学生的创造能力、创新能力作用很大。

3. 加强企业与学校的联系

中国那么多曾经辉煌一时的漆艺厂，现在却倒闭了，原因当然有许多。但产品设计缺乏创新是一个非常重要的原因。针对这一点，可以采用企业和院校合作的方式来解决问题。如学院可以把部分课程安排在漆艺工厂里，让学生了解大漆工艺产品生产的工序，并直接和一线的师傅交流，了解产品设计的要求。另外，老师或学生创作的比较优秀的设计产品可以卖给工厂。而工厂的设计人员也可以派到学校学习，培养创造思维。学校和企业互动，形成良性循环，双方共同探索市场的需求和新的变化。如果把自己的设计作品局限于课堂，而不能走入市场，与社会失去联系，那么设计的意义也就不存在了。设计不能为大众服务，不能给社会带来经济效益，那么设计也就变得没有任何意义了。

4.政府帮助学校建立漆艺美术产业化示范园区

这不仅是教学发展的需要，也是重视文化建设的必然。现在有一部分从事大漆工艺品制作的人才大多数都是师徒传承出身，大多没有经过系统的学习，以致不少作品存在品位低、缺少文化内涵等不足。为此，要使传统大漆工艺的发展顺应当今市场经济的潮流，在政府的大力支持和帮助下，有必要创建漆艺美术产业化示范园区，把教学和实践有机结合起来。

第二节　金属工艺在文化创意产品设计中的应用

一、金属工艺加工类别及技艺

"技术理性与人文情感的协调平衡、整体统一"是手工技艺的最为基本的特点。首先，所谓的手工技艺首先讲求的是手工，并非机器。其次，手工技艺讲求创造性，即必须有一定的技巧。最后，创作的成果必须和原材料不同，不能完全一致。

工艺品具有四个显著的特征——用、材、具、技。第一点"用"，即指功能，意思就是工艺品必须具有某种使用功能，这个属性可以解释为什么要生产它；第二点"材"，即取材，也就是这个工艺品使用了什么材料；第三点"具"，是指使用的工具；第四点"技"，指的是技艺。

在经历了千百年的传承之后，现在的冶金制造工艺已经有了很大的进步。工匠们对金属材料有很深的了解，他们对于金属的密度、色泽等特性都有清晰的认识。

一般而言，工匠们最常用的原料就是铜，它是人类最早发现和使用的金属之一。早在原始时期，人们就开始采掘露天铜矿并用来制造农业器具和武器。在《天工开物》的相关篇章之中指出了铜的许多特性，比如导电、导热等，另外还对于它的化学反应、加工方式作出了具体的描述。铜的类型有很多，比如紫铜、黄铜、白铜等，而黄铜和紫铜是工匠最为常用的。

在人类的造物发展的历史过程中，对各种器物制造过程的研究，首先要从制作过程中使用的工具入手。錾子和锤子是金属锻造的基础工具。錾头刀刃可进行刻划、镂空等不同的加工方式。錾子形态为两头窄而中间粗，一般采用钢材做成7—10厘米长的短杆。工匠们会根据器物形态的需要随时采用不同的錾子，并与锤子配合使用。

下面以铜器为例，简单讲述关金属制造的具体过程。

第一，初形锻造。将熔炼好的材料进行铸形，这个过程需手工技艺者自己完成。所用的铜板通常厚数毫米，将铜板锤成器物的大致形态，在这个过程之中要注意使锤的力度保持均匀，这样就可以为器物的锻造奠定良好的基础。

第二，细节锻造。在上面的步骤完成之后，需要再次加工，对器物的细节进行处理，具体方式是将锤子和錾子一同使用，在进行这一步的时候需要将初坯转动，按照形态逐步敲打，这样有利于打造器物具体形态和保持表面的规整。这一步骤对手工技艺者的手头功夫要求很高，想要做出完美的成品往往需要经过长期的实践和学习。

第三，工艺效果处理。细节锻造完成后，需要用酸洗去器物表面的氧化物和杂质，在这之后，再选择性地使用锤点工艺。当然，必要的时候可将器身打造成纹理的形式加以装饰，更能够展现材料的艺术美感。随着部分机器的引入，现在的工匠们也会偶尔使用电镀镀锡，使器物呈现出均匀平滑的表面效果。

二、金属工艺类文化创意产品的设计原则

笔者通过查阅相关文献并结合文化创意产品的设计方法，总结出以下金属工艺类文化创意产品的设计应满足的原则。

（一）文化性原则

文化创意产品除去文化内涵就与一般产品无异，文化是文化创意产品的灵魂所在。就金属工艺类文化创意产品而言，手工技艺本身就包含了一些文化信息，具有一定的精神文明价值，中国的某些金属工艺属于非物质文化遗产，因而产品设计应将金属工艺的文化特性展现出来。

（二）创新性原则

文化创意产品设计不是对既有文化的简单复制或生搬硬套，而是从符合现代人审美情趣与生活方式的角度对既有文化进行创造性的加工。创造性原则是文化创意产品设计中的重要原则，有利于避免设计的平庸、同质化与千篇一律。

（三）功能性原则

功能性是帮助文化创意产品打开市场的必要属性，文化创意产品本身肩负着传递文化、宣传文化的使命，当消费者对其文化背景尚不了解的时候，其实用功能可以起到"敲门砖"的作用。

（四）艺术美学原则

第一视觉印象是决定产品竞争力的关键因素，美感会使人心情愉悦，在满足消费者的物质和精神追求之后，具有更符合现代人审美观念的产品，能在众多同类产品中脱颖而出。

（五）可行性原则

可行性原则贯穿于整个设计流程，特别是当传统的金属工艺已经与现代社会脱轨的情况下，可行性原则就显得十分重要。对金属工艺品的创作开发需要经济作为支撑，只有充分考虑到设计的可行性，金属工艺类文化创意产品才会有良好的市场前景。

三、典型金属工艺在文化创意产品设计中的应用

（一）铜艺在文化创意产品设计中的应用

1.铜艺的工艺独特性

铜艺从诞生起就与我们的生活有着密切的关系，具有独特的社会功能。铜艺的发展包含着物质文化和精神文化的精华，它不仅体现了人类的造物文明，同时也在不断积淀不朽的精神文化。铜艺的独特性在于其长久以来积淀的独特工艺魅力，在于铜材质特殊的物理性能、文化特质、人文情怀以及审美品质。

2.传统与现代的融合

传统的铜艺也有其局限性：工艺复杂、产量低、经济效益低等。因此，要传承铜艺，就必须勇于创新。传统铜艺内含个体的思想和情感、艺术理念和审美品位。现代设计则是在大工业背景下成长起来的，服务于大众，具有明显的时代特征，符合当代社会的审美需求。

传统铜艺的发展不可停滞不前，当下对铜艺的传承与创新有必要适应现代社会的发展，将传统铜艺与现代生活方式相结合，拓展传统铜艺的内涵与外延，开创新的设计理念，以满足当代大众的审美需求。传统铜艺与现代文化创意产品设计具有互补性，二者相辅相成，只有两者互相借鉴与结合才能开拓出铜艺的可持续发展之路。

铜艺源于日常生活，始终具有艺术性和实用性。在社会经济文化快速发展的当下，如果传统铜艺维持原有的工艺技法，将会跟不上时代的发展。因此，设计师需要深入研究和积极探索新的方法和道路，以使铜艺能够融入现代生活。

（二）传统银器工艺在文化创意产品设计中的交叉应用

1.技术上的交叉应用设计

（1）打金工艺的交叉应用

金银器制作的工艺被称为打金工艺，打金工艺的技术交叉主要包括产品制作中国内外相同环节不同技术的交叉应用和不同金属材质的相同产品制作过程中的技术交叉应用。

对于相同的材质，国内外的打金工艺也各不相同，特别是中西方工艺之间，就以制银为例，虽然欧洲也拥有悠久的银器制作历史，但在银器的雕刻手法上就与我国云南地区大不相同，国内使用錾刻而国外使用推刻。錾刻是由小锤打击刻刀的尾部使刀头在银器表面留下痕迹的手法，而推刻则是用推的方式让推刻刀在银器表面留下痕迹。錾刻在处理立体图案时较为有优势，而推刻则在处理平面图案时更有优势，若是将两种雕刻方法相结合，所呈现出来的图案将会更为精致。

而对于不同的材质，所采取的工艺也各不相同，其中金属不同的熔点是导致工艺不同的关键。我国的打金工艺有着悠久的历史，目前打金工艺的交叉应用主要体现在工艺过程中对金属特性的把控，按理论来说不同种类的金属工艺并不能完全照搬使用，但若是将不同的材质混合在一起就需要工艺上的融合。例如，云南的乌铜走银工艺就融合了制铜和制银工艺。乌铜走银工艺是先用制铜工艺打造合金铜的器形，并用雕刻工艺对表面进行阴刻，再结合制银工艺调配焊药将熔化的银水灌入阴刻的纹路中，打磨抛光后利用捂黑处理工艺使铜呈现出黑色，从而达到突出白银图案的效果，这当中就将不同的打金工艺进行了交叉应用。一般打金工艺的交叉应用主要出现在多种材料组成的产品结构中，这要求手工艺人同时熟悉多种打金工艺，并在材料的运用上进行灵活的搭配和尝试。技术的交叉应用对传统银器的发展起到了关键性的作用，为新工艺、新技术的产生创造了可能。

（2）跨领域技术的交叉应用

传统工艺与其他领域技术相结合的交叉应用是突破传统思维模式的技术革新，需要进行大胆想象和不断实践。可以是与物理领域相关技术的结合，也可以是与化学、数学乃至天文领域技术的结合。例如，德国教授弗里德里希·贝克尔就设计了一系列动力学戒指，他将时间作为第四维度引入珠宝首饰的设计中。他所设计的戒指，只要轻轻一动，戒圈上方的两个部分就可以保持长久的运动，这是基于动力学创造的。动力学与珠宝制作技术本属于两个完全不同的学科，但经过交叉应用后产生了惊人的效果。

这些惊人的跨界设计并不多见，主要是由于跨界设计对设计师的要求很高，设计师需要精通两个毫无关系的领域。他们起初从事其他的工作，然后将打金工艺与自己熟悉的领域相结合直至创造出新的工艺，这些新工艺往往会给人耳目一新的感觉。所以，设计师不仅要了解传统手工艺的相关知识，还要对其他的各种领域都有所涉猎，这样才能通过交叉应用产生新奇的创意设计。

2. 材料上的交叉应用设计

（1）材料物理形式上的交叉应用

材料上的交叉应用受到产品制作工艺的限制，目前物理形式上的交叉应用在银器设计中应用得较为普遍，主要应用于银器的造型设计上。材料物理形式上的交叉应用一方面能帮助解决产品功能上的问题，例如，银壶的壶把手和壶鋬就经常使用其他材质，这是因为银器的导热性极强，通体全银的器皿极易造成烫伤。另一方面，不同的材质给人的感觉也不同，材料运用得当可以提高产品的用户体验，例如，金属给人坚硬冰冷的感觉而木头却能体现沉稳温暖的内涵，将这两种材质结合使用则会削弱银器给人的距离感。

另外，材料上的交叉也可以是不同种类的物品之间材料的交叉应用，例如，衣服一般是布做的而锤子是用钢铁做的，当这两种物品互换材料时，人们经验当中约定俗成的部分被打破，因而会产生好奇心。这种打破人们固有经验的材料交叉应用一般用于个性化产品中，有利于吸引人们的注意力。

（2）材料的熔合

材料的熔合是材料化学形式上的交叉应用，主要随着新材料新工艺的产生而出现。例如，银器制作中的木纹金工艺就是利用银和铜的熔点不同将银铜堆叠并压片，最终使混合材料形成木头纹路的工艺。木纹金材料的运用和普通银铜材料都不相同，它比银坚硬，又因为铜的加入其熔点跟银也不同。再如乌铜走银工艺，乌铜是加入了其他金属的铜合金，经过不同材料的熔合铜合金被手捂过之后变得黑亮，这是普通的铜所不具备的特性。

这种化学形式上的熔合一般是为了追求产品造型上的新效果，也会用来解决功能上的问题，例如，纯度较高的银比较柔软不易塑形，工匠们为了增加银材料的硬度也会加入铜等其他合金。这种满足功能性的材料熔合在银器制作中较为常见，但为新工艺服务的材料上的熔合则更为考究，熔合的比例很难掌握，一般需要耗费大量的时间和金钱，但价值更高。

3.功能上的交叉应用设计

产品功能是指这个产品所具有的特定职能，即产品总体的功用或用途。产品有使用功能与审美功能两种功能。使用功能是指产品的实际使用价值；审美功能是利用产品的特有形态来表达产品的不同美学特征及价值取向，让使用者从内心情感上与产品取得一致和共鸣的功能。

从另一角度来看，功能也可分为单一功能和多功能。产品的设计就是为了解决问题，而功能是产品设计需要解决的最基本的问题。但一件产品的功能并不是越多越好，过多就会导致功能的累赘和闲置；也不是越少越好，不足又显得欠缺。一个有着好的设计的产品在功能数量上有严格的把控，要根据使用者的实际需求对功能进行取舍。除了实用功能，目前产品功能表现的情感化发展是现代设计的一大趋势。基于对情感和设计的科学研究，人性化因素的研究专家和设计者帕特里克·乔丹区分了四种快乐：生理快乐、社交快乐、精神快乐和思想快乐，这为设计师筛选和检验产品功能提供了指导依据。

产品功能上的交叉应用一方面表现为替代，另一方面表现为附加。替代是指将产品原有的功能去掉而用另一种功能代替。这种代替的应用方法往往出现在新产品的产生中。以银制扇形发饰为例，扇子本来的功能是降温，将扇子降温的功能去掉直接用发饰的功能替代，这就形成了一个新的不具备降温功能的产品。附加功能是指在产品原有功能的基础上附加其他产品的功能后形成一个多功能产品，例如，在一个银制镇纸的内部增加芯片使其变成一个U盘。此时得到的产品具有两种以上的功能，它可以是镇纸也可以是U盘，如果它的造型独特，它还可以当做一个摆件。

（三）花丝镶嵌工艺在文化创意产品设计中的应用

在现代社会，手工业发展的方式是多元的，有的引入机械动力，融合现代科技；有的与文化创意产业结合，发展工艺美术；有的保持原生态特征。在这个动脑多、表达多、动手少的时代，手工业中的手工精神值得发扬，不妨使手工精神成为现代人生活态度和习惯的构成元素之一，由此展现原始的亲力亲为的本质力量。

1.花丝镶嵌工艺的原生态恢复

花丝镶嵌工艺在被评为非物质文化遗产之后有了新的发展。花丝老一代艺术家不断完善技术，开门收徒，修复及仿制明清时代最具代表性且工艺复杂的作品。以前该类作品大多是宫廷的精品，其使用的花丝类型、造型技术是极为精湛的。

在 2012 年上海非物质文化遗产展览上，白静宜携 20 件精美作品参展，其中最引人注目的是明万历皇帝的金翼善冠的仿制品。原件皇冠由 518 根丝编织而成，总重 800 多克，于 1958 年在十三陵定陵出土，目前保存在定陵博物馆。白静宜大师近年来以仿制古代经典花丝工艺品为主。白静宜大师将翡翠与花丝镶嵌完美结合，设计和创作了一系列现代花丝首饰作品，其中最为大众所熟知的一套花丝首饰应该是"皇室经典，从云微艳"套件。这套花丝镶嵌首饰作品由耳坠、戒指及项链组成，制作花费时间长达数月，融合了多种花丝镶嵌技法。纤细的金丝堆松相连，构成立体卷云纹样，堆松之间再嵌以刻面墨翠。这套花丝首饰确实在花丝工艺的现代形态设计方面有了突破性的进展，给我们制作现代花丝首饰提供了一个很好的方向。但是，通过仔细研究我们不难发现，这套首饰的设计还是摆脱不了过去传统花丝首饰设计模式和审美观念的影响。该作品是花丝镶嵌工艺的精品之作，为收藏级别，不是大众百姓消费得起的，精致程度堪比明清宫廷的御用首饰。

2. 花丝镶嵌工艺的工业化改良

对于纯手工的花丝镶嵌工艺来说，其无法完全被机械取代，难以批量化、高效率地生产，这是花丝镶嵌工艺的劣势；反过来看，这也是它无法被超越的地方，对追求"手工"的未来市场来说，这也是优势。将机械化、标准化的部分用机械来完成，将有设计感和艺术感的部分用手工来完成，这是未来花丝镶嵌工艺的发展方向。

（1）花丝镶嵌作品的商业化发展

简单的花丝镶嵌作品，比如花丝球、四瓣花网，可以通过花丝作坊的流水化生产完成。这类作品由于价位低，能吸引大众。另外，这些简单的非传统的作品在与现代服饰、妆容搭配时，无须佩戴者花太多心思，成为百搭的时尚单品。

花丝镶嵌作品在制作过程中，有些步骤是标准化的，比如拔丝、搓丝，可以被机器取代。

（2）铸造工艺与花丝镶嵌工艺

铸造工艺一方面可以代替花丝工艺，另一方面可以与花丝工艺相结合。从严格意义上来说，铸造花丝和手工花丝在细节上有明显的不同，花丝的玲珑通透质感，铸造形成的丝是难以比拟的。但是，随着现代铸造工艺的发展，未来市场上出现与手工花丝美观程度一样的作品也是拭目以待的。铸造工艺的效率高，在普及花丝镶嵌作品上可以起到促进作用。

　　传统金银细金工艺之所以如此精美，是由于一般使用的都是 0.3 毫米以下的金属丝，即使外框掐丝的厚度也不会超过 0.4 毫米。这一"薄"的特点就会导致美轮美奂的作品容易变形，而首饰的佩戴功能是需要避免这种变形的可能性的。再加上传统金银细金工艺是先平面填丝然后再立体造型，或者先做立体石膏模型再堆叠花丝，无论哪种方法在立体感的表现力上都有进一步发展的空间。从工艺的角度出发，以实现金银细金工艺首饰的立体感为试验目的，将雕蜡铸造与细丝结合，实现了传统的平面填丝直接到立体填丝的转变，同时造型更自由，立体感更强且变化更为丰富。其过程是先雕蜡铸造执模后压硅胶模，然后在硅胶模中可以反复注蜡再铸造。通过硅胶模就可以多次铸造出一模一样的轮廓外形，使得形体比掐的扁丝框架更为立体流畅且不用每次都重新掐外轮廓，省时省力。最后根据形式感规律寻找最喜欢的空格，将盘好的填充花丝焊接上就完成了。在整个试验中，以雕蜡铸造局部批量生产代替了金银细金工艺框架结构的反复掐丝，不但立体感有所增强，更重要的是提高了生产效率。

　　（3）3D 打印与花丝镶嵌工艺

　　首饰行业的 3D 打印已经慢慢成为商业化首饰的主流。用电脑软件先构建好首饰的模型，打印机则会喷出立体造型。目前得到的模型都是蜡版，极少数由金属直接成型。如果是蜡板，则还需要与上一部分的铸造工艺相结合。如果直接喷出金属，则可将花丝工艺完全转换为机械化生产。鉴于目前 3D 打印技术的成本高，并没有公司或工厂将其直接用于花丝打印。如果以后打印机的价格随着技术的创新而变得便宜，那么打印的花丝也会出现在市场上。

第六章　现代文化创意产品的传播

文化创意产品的传播是产品设计的必然结果，探讨传播学中的五个传播要素有利于实现文化创意产品的有效传播。本章分为文化创意产品的传播者、文化创意产品的传播内容、文化创意产品的传播媒介、文化创意产品的受传者、文化创意产品的传播效果五个部分。主要包括传播者的概念及类型、传播者的影响因素、传播内容的表现形式、文化创意产品的媒介功能等内容。

第一节　文化创意产品的传播者

一、传播者的概念及类型

（一）传播者概念

传播者是整个传播活动的发起者以及整个过程的主导者。传播者在源头上决定了传播的内容、传播内容的质量以及传播形式。在一个完整的传播过程中，传播者不仅需要承担信息的输出，还需要对反馈信息进行分析，从而进行修改补充，这样才能使传播持续进行下去。

在当下的设计过程中，"以用户为中心"是目前设计师主要遵循的设计原则。在这种设计模式中，设计师作为"专业人员"，以专家的身份对整个设计的过程进行统筹和控制，用户是被动的接受者，设计者通过对用户进行观察和访谈形成知识体系。设计者在资料搜集过程中，通过自己的理解形成既区别于文化消费者对该地域文化的认知，又有异于当地居民对地域文化的认知，形成了带有个人感情因素的混合认知。在发展过程中，越来越多的人提出设计应该从"以用户为中心"转变为"协同发展"，促使设计者在设计过程中进行角色转换。这种协同发展模式并不意味着不再考虑目标用户的需求，而是从设计的源头出发，让设计师和一些主导传播流程的专业人员作为参与者而不是主导者进入设计流程之中，在全面认识地域文化之后再着手设计。随着设计越来越注重文化内涵，设计师应该在设计开发过程中全面了解文化，而不是作为外来人，站在上帝视角对文化进行零散拼凑。

（二）传播者类型

文化创意产品的设计研发过程是一个复杂的传播过程，这一传播过程涉及多个角色，如企业家、研发者、销售者、消费人群等。凡是能够直接或间接决定产品的形式、内容的个人、团体都是文化创意产品的传播者。

但是鉴于每个人物角色对产品产生影响的程度不同，可以将传播者分为直接传播者和间接传播者。这里的直接传播者主要是指设计师、设计团队或设计决策者；间接传播者主要指营销、管理方面的专家以及消费者，他们为产品开发赋予了特定的信息和内容。从产品角度来看，设计者是文化创意产品设计过程中最主要和最直接的传播者。

二、传播者的影响因素

设计者是文化创意产品设计的主体，也是主要的传播者。在文化创意产品设计过程中有诸多因素是作用于设计师的，最终这些影响因素都会在文化创意产品上有所体现。所以，要想做一个好的产品的阐释者，必须明确这些影响因素。

从设计者主体层面考量，设计者掌握的艺术知识、科技知识、地域文化知识，以及具备的设计素养和审美感悟等都反映了设计师主观的艺术倾向、文化倾向和心理倾向等。这部分影响因素构成了影响传播者的主体因素。基于设计过程的客观操作性考虑，设计是为了满足一定的需求，包括社会需求、经济需求、技术需求和文化需求等。而需求溯源都与消费群体、社会现状、流行风尚等有关，所以产品在输出的同时会受到来自消费者、社会因素、流行趋势等的影响。这里将其称为社会客体因素。

基于上述分析可以看出，设计者要想成为一个好的传播者，一方面，从自身主体因素来看，设计师应该不断提升自己的综合素养，完善自己的知识结构。另一方面，从社会客体因素出发，设计师应该时刻关注当下社会的主流趋势、设计环境、设计风尚等，这样才能做到将实时有效的信息赋予产品并传达给消费者，完成与消费者的信息交融，从而适应消费者不断变化的需求。

三、传播者的传播任务

从传播角度看文化创意产品的设计过程，传播者的任务与面向地域文化的创意产品信息内容息息相关。从传播学理论视角来看，传播者的任务主要包括收集、加工和制作信息三部分内容。这表明作为传播者的设计师需对地域文化原型进行筛选和挖掘，对文化原型进行特征提炼，并通过设计手法表达设计创意。

（一）传播信息的收集

这里的传播信息指的是设计过程中需要用到的地域文化信息内容，其中包括地域文化原型、文化元素、文化特征等；此外，还需要收集其他的产品设计信息，如作为受众群的消费人群的需求信息，需要进行调研，调研内容主要围绕用户需求开展。

（二）传播信息的加工

传播信息的加工主要表现为设计师如何把握和提炼已经获取的地域文化信息内容，即对地域文化内涵进行理解和把握，以及对文化要素进行设计层面的萃取和加工。

（三）传播信息的制作

传播信息的制作则集中表现为文化创意产品的产品化过程，从创意的抽象形式到设计概念的初步形成，再到呈现创意概念的原型，最终制作出成熟的文化创意产品。传播信息的制作任务的开展以传播信息的收集和加工为基础。基于地域文化的创意产品信息体系可帮助设计者从设计目的出发梳理设计要求，以此协助制作任务的实施。应该注意的是，在产品化过程中，设计师还应该时刻考虑影响传播者的两方面因素，从而更好地完成制作传播信息的任务。

第二节　文化创意产品的传播内容

施拉姆是"传播学鼻祖"，他认为信息是传播内容的主要表现形式，所有的活动都是围绕中心信息进行的，信息是美学的展现以及情感的表达。信息是人类与外部世界进行交流的中介，同时又对外部世界产生一定的影响。香农是现代通讯理论的先创者，他对信息的解释是，能够减少人们认知范围外的问题的内容称为信息，他认为信息是用来处理比较难解决的问题的工具。

基于传播学视角来看，人类传播的基本要素就是符号，它是"信息的携带者"，即传播内容的表现形式，表达着特定的意思。可见，符号作为信息的表现形式能够满足人们相互交流的需要，它不仅包括语言、文字、图形、代码还包括动作、操作方式、活动行为等，可见符号传播、储存和记录信息的作用。

以下是文化创意产品的传播内容的表现形式。

一、文化信息

文化总是通过符号来表现的，它只有通过符号才能在时间和空间里得到继承和传播。某些地域文化或地域内特定族群的文化内容都可以通过符号的抽象形式来具体体现。文化符号包括的内容很多，其形式表现也各式各样，如建筑、服饰、动植物、自然环境、手工技艺、图腾信仰、风俗礼仪等。

所以，文化符号除最主要的物质形态之外还包括行为形态以及思想形态。这些涉及面极广的文化符号都是地域文化信息的集中体现，都能展现地域文化特色或反映其内涵意义。而设计者在设计过程中的首要工作就是对地域文化信息进行筛选，继而是优化提炼和加工。

二、产品设计信息

一切艺术均为符号的语言，一个艺术表现形式归根结底就是一个符号形式。这从另一个角度说明，文化创意产品的创意设计作为艺术表现的一种模式也必然是一种符号的构成。产品的功能信息无非是最基本的内容，主要表现在实用功能上，而关于认知、审美的精神功能信息是依据产品与人之间的信息沟通，即透过产品设计语言、设计符号来对人起作用。

综上来看，无论是地域文化信息还是产品设计信息，都是通过符号形式存在的，继而以文化创意产品物质化的形式为载体形成与用户的互动。由此可见，信息、符号及文化创意产品之间的关系是相互联系、互相依附的。站在信息层面来看，信息需要以符号形式为载体；而立足于符号角度来看，文化创意产品又是承载符号信息的载体。

第三节 文化创意产品的传播媒介

一、什么是传播媒介

传播媒介可以理解为中介，在传播的整个过程中起着承上启下的作用，它是将传播过程的各个要素连接起来的纽带，没有传播媒介就无法进行传播活动。

施拉姆在他的研究著作中对传播媒介进行了明确的定义，认为传播媒介是用来放大并且加强特定信息传播的物质实体。传播媒介一般借助特定的符号传达要表达的内容，而符号携带着大量的信息，因此从狭义上来讲可以将传播媒介定义为，携带传播者所要表达的特定信息的物质形态的实体。传播媒介是连接传播者和受传者的中间桥梁，传播媒介本身呈现出自己独有的符号特征，它是不同传播媒介之间相互区别的重要标志。想要清晰地认识传播媒介，就要对传播媒介、符号、载体以及传播形式进行区分。

传播媒介与符号也是有区别的，符号是包含着特定信息的形式，它可以是本身就存在的自然符号，也可以是人类在生产活动中为了表示某种意义创造出来的，并且它自身并不能开展传播活动，只有在经过了一定的排列组合之后并且借助一定的物质实体，在传播者和受传者的相互作用下才能体现出一定的意义，因此符号还要借助一定的载体实现自己的价值。传播媒介需要借助特定的符号传达内容，因此它与符号不同。

传播媒介在一定程度上和载体也是不同的，载体是可以传递或运载其他形式的物质实体，既可以是有形的实体，也可以是无形的，比如空气、电波等。从概念上来讲，传播载体的范围大于传播媒介，因为传播的载体可以是一个，也可以同时采用多个形式，比如在网络使用过程中，需要借助电脑，但是电脑还要借助发出的电波。而媒介则是具有特定意义的一种形式，具有特殊性，在地域文化的传播过程中，是将具有地域文化内涵的文化创意产品作为传播媒介的，并且传播媒介和受众是直接接触的。

传播形式与传播媒介的不同之处在于，传播形式指的是在传播的过程中使用的方式，如图像、文字等，而传播媒介则是实实在在的物质实体。

二、文化创意产品的媒介功能

文化创意产品作为传播媒介的表现形式主要是符号，所以它理应发挥符号的基本功能。文化创意，即通过创意手段对原始文化元素进行阐释与再表达，是传播者对符号再现物的解释，即设计者对具体文化元素的加工与创造。文化创意产品较之于满足基本需要的生活用品，似乎是"无用之物"。它并非真的无用，也并非没有实用属性，而消费者看中的并非其实用价值，实用价值排在文化与精神价值之后，产品只是"文化"与"创意"的依托。在这里，消费者的消费行为基于自身的精神满足，购买的是产品的文化意义与消费者个体所赋予产品的其他意义。这种识别与欣赏分为两个方面，一是对产品外观的识别与欣赏，产品的视觉之美满足了消费者对美的追求，消费者愿意为"美感"买单；二是对文化元素内涵的识别与欣赏，即消费者可以解读这一文化符号，理解其背后的故事，对这一文化元素有一定的个体寄托，是情感上的识别欣赏。若这种识别与欣赏不成立，即产品不能够满足大众对视觉之美或情感寄托的任何一种要求，则消费行为无法进行。成功的文化创意便是在吸引目光的同时牵动了大众的情感，或是因为设计之美，或是因为相关元素牵动了大众的情感。

（一）视觉媒介

如今的文化创意产品作为一种新兴的消费品，尚处于以"新"博取消费者目光的阶段，相应地，这一阶段的消费者消费行为更偏向冲动性消费，理性思考与对实际使用价值的思考较少。故此，视觉层面的脱颖而出便显得至关重要。文化创意产品要吸引大众则需缩短物与大众的距离，缩短距离的方式之一即增加可感知的元素。文化创意产品也因为视觉层面的趣味与美观收获了大量粉丝。视觉诱惑要求生产者从产品自身研发入手，在产品实用性与文化性之上注重大众的心理感受，使大众能够识别、欣赏产品并能够感受到产品带来的舒适与愉悦。从文化创意产品设计的角度来看，转化馆藏资源的手段主要分为显性与隐性两个层面，显性层面上又可划分为提取文物的视觉造型、对图纹进行形式转换等，隐性层面即挖掘文物的象征属性加以运用。

在消费行为发生之前，消费者对文化创意产品存在一个感知的过程，在这一过程中消费者只有感受到物带来的舒适与美感，消费行为才会发生。大众与历史文物之间存在诸多原因造成的距离感，文化创意产品若以文物元素为设计来源且想要产品变为可以被大众识别的、欣赏的，需要在创意途径上下功夫。一个常用手段是"萌化"，将历史人物卡通化以贴近大众，这种方法在博物馆文化创意产品发展初期很受大众欢迎。

首先，卡通化是熟悉化也是亲民化，人们对这些具体的历史人物可能并不完全熟悉，但是可爱的形象一直深得人心，这种俘获不仅是视觉上的同时也是心理上的，那些遥远的、高高在上的事物难免给人以棱角感、正式感，进而带来拘束感，而人们在工作学习之余，更希望享受休闲之美。萌化的事物能带给大众休闲与轻松之感，能让大众缓和心绪、放下心理戒备，而这正是传播的重要前提。

其次，萌化的对象更为重要，当以往威严尊贵的历史人物开始"卖萌"，这种强烈的反差让人们感受到的不仅是亲切还有惊讶与惊喜。在媒体信息设计的通用手段当中，出乎意料是一种常用的表现方式，设计反差与设计出乎意料的剧情在本质上类似，都通过制造心理意外形成正负对比，打破受众的思维定式，由此给人们留下更深刻的印象。

最后，"卖萌"的历史人物人们几乎从未见过，加上"文化创意"这一概念的包装，一件件全新的产品呈现在大众面前，而大众对于"新"的追求永无止境，比起陈旧的事物，新事物总是更为引人注目。

（二）情感媒介

物的诱惑，其一在物本身，即物的外观等，其二在物之外。粉丝购买明星周边产品，并非出于周边产品本身的价值，甚至常常与物的呈现状态无关，消费者购买的是物之外的元素，是物带给自己的情感享受。文化创意产品对消费者的情感诱惑需要从产品之外入手，最有效、常见的方式是讲述有关"物"的故事，或结合大众已知的、关心的故事。

从产品外部入手进行文化创意产品推广与营销的策略众多，如活用社交媒体平台与互联网用户拉近距离，如影视、文化节目等文艺形式的带动。讲述好故事对文化传播来说至关重要，可以普及一定的文化知识，这种普及方式比一般的科教，传播性更好，接受度更高，对大众来说记忆更为深刻，并且观众在被文艺故事吸引后会自发地再进行相关知识的摄取，以达成深入了解。

（三）寓意媒介

自古以来华夏子孙便有将祝福寄托于物的习俗，这些物件是由社会全体人员共同建构的符号，这种包含祝愿与期望寓意的物品展现着不同个体的心愿诉求。美好寓意对人的诱惑是一种永恒的诱惑，且从受众范围来看，几乎覆盖了最广泛的消费群体。

三、文化创意产品的传播途径

加拿大传播学家麦克卢汉认为，真正有价值的信息不是各个时代的具体传播内容，而是这个时代所使用的传播工具的性质及其开创的可能性。媒介的进步和发展极大地改变了社会的交往方式和信息的传播方式。在信息媒体环境下，运用好不同的媒介是文化创意产品获得更多关注、更好发挥其传播功能的前提，因此构建符合时代潮流的传播体系是推广义化创意产品的必要条件。在大众传媒兴起之后的信息社会里，新的传播方式层出不穷，可以针对不同的受众进行有针对性的传播，比如特定的人群、组织、社团等，同时各个传播媒介因服务对象的不同会产生不同的效果。这些传播方式多是零散的，没有整合性，因而并不能达到最大的传播效果。大众传播要真正取得良好效果必须以人际传播和组织传播为补充，这三者有机结合才能富有成效。大众媒介对文化创意的报道或强调程度同受众对其重视程度构成了强烈的正比关系。因此可以借助不同的媒介进行全方位、立体式的报道和宣传，扩大受众的覆盖面。

信息的发送是需要传播和接收的。好的创意产品也必须借助一定的载体，经过传播后被人接收并理解，否则创意产品的传播难以实现，创意也失去了本质意义。目前，文化创意产业的传播途径主要有如下几个方面。

（一）网络与新媒体传播

我们塑造了工具，此后工具又塑造了我们，新媒体的出现改变了我们的行为方式。网络与新媒体传播是具备一定优势的，而且这种优势大大影响和改变了人类的文化信息接收方式与能力。

新媒体时代，随着微博、微信、电子商务等新的传播形态不断出现，消费者可以更加便利地在互联网上搜索资讯、购买商品、发布信息、互相交流，形成了一个庞杂的数字生活空间。在数字生活空间中，企业的行为和动态都会暴露在消费者面前，每个人都可以随时谈论企业行为，对其做出评价，营销传播迎来了"直播时代"；另外，在数字生活空间，企业发布的信息要想在众多信息中引人注目，必须要有创意。在直播时代，企业必须每时每刻迅速处理和分析海量的信息，以发现危机，及时应对，以及发现可利用的资讯，支持企业的整体发展。因此，传播成为一项日常性的工作，而不是阶段性的零散活动。面对巨大的传播工作量和挑战，企业必须把传播提升到战略和管理层面，改变现有的管理框架，单独建立传播管理部门。传播管理部门可以看作企业在互联网上设置的"雷达"，全面监测和管理与企业相关的信息。通过监测行业政策、趋势和市场动态，企业可以了解市场发展环境；通过监测与企业相关的新闻报道、搜索排名和产品销售情况，企业可以掌握自身传播策略实施的情况和效果；通过对竞争对手相关信息的监测，企业可以把握同行发展情况，并相应地对自身进行升级完善。

新媒体时代，作为生活服务者的企业要想引起消费者的关注，仅仅依靠网络传播是不够的。在以互动精神为核心的互联网上，企业的传播内容不能依靠强制手段传递给消费者。在新的传播环境下，企业需要以创意为核心，提供富有趣味性和时尚感的产品和信息，用创意来吸引消费者的关注，从而对企业建立一定的忠诚度。

在新媒体环境中，企业通过传播管理系统挖掘到消费者的关注点，并通过创意加工形成适合营销传播的创意产品之后，接下来要做的就是选择合适的平台将其传播出去。在大众传播时代，营销传播方式的可选择性非常有限，企业往往是通过广告公司形成广告创意，然后再将其投放到大众媒体上，传播形式单一且传播效率并不高。而在新媒体时代，随着各种新媒介、新平台的不断涌现，企业的可选择性大大提高，并且各种传播平台在发布内容的呈现方式、发布速度和信息量上有所不同，形成了优势互补的立体化传播，能够帮助企业从不同角度与消费者进行对话和互动。多元化、复合式的传播平台形成合力，帮助企业取得最大化的传播影响力和传播效率。目前企业进行营销传播主要是通过"两微一电"的方式来进行，即微博、微信和电子商务平台。草根化的微博可以通过使用多种宣传文化创意产品的技巧来吸引人们的关注，获得众多微博粉丝（即文化创意产品的潜在消费群体）。但是为了将这些潜在消费群体的关注流量变现，转化为实际购买力，则需要配合设置电子商务平台对文化创意产品进行进一步的宣传。电子商务平台这种营销传播方式最大的特征就是能突出产品的分类，便于消费者查找。

网络新媒体的传播方式可分为多人对个人、个人对个人、个人对多人和多人对多人四种。个人对个人的传播方式有电子邮件等；个人对个人、个人对少数人、个人对多人的传播方式有网络在线闲谈、多用户游戏等；多人对多人的传播方式有新闻讨论组、电子公告牌和电子论坛等。可以说，到目前为止，网络与新媒体传播是速度最快、传播范围最广、最易达到理想效果的方式。

（二）视觉媒体传播

凡是通过视觉传递信息的媒体都属于视觉媒体。人类早就有了视觉经验，也就是看的经验，可以通俗地理解为"观看"，这是人类最常见的行为，继而有了视觉文化和视觉传播。眼球经济的时代，视觉媒体在吸引眼球方面从来都是最有效的工具，文化创意产品借助这样的媒体可以得到更加广泛的传播。

（三）图书等出版物传播

虽然传统的报业和出版业受到了新媒体的冲击，但是从官方发布和统计的数据来看，在未来数十年中，出版业依然是比较有发展潜力和前景的。如今，国内关于文化创意产业方面的图书日益增多，有了一定的读者群，有关文化创意和文化创意产业的图书也有一批在各大书店成了常销、畅销的书籍。一方面这体现出文化创意产业的内容越来越受到专家、学者的关注，另一方面也反映了人们对文化创意产业相关知识的迫切需求。

（四）博物馆传播

博物馆文化创意产品与文学、影视等艺术形式在本质上是相同的，都是创作者根据自身的经验认知对某一历史文化事件的创造性表达，但是因为表现形式不同在传播中各有特点。文化创意产品是实体的"物"，是对物质文化遗产的转化加工，作为刚刚起步的创作形式，文化创意产品在文化传播中主要有以下三种特点。

1. 形式新颖以引发关注

文艺创作的内容会因其独到性、创新性引起广泛关注。大众是追求新事物的，对闻所未闻、见所未见的新事物，总是有极大的好奇心，每一种新形式的出现都满足了大众的这种心理。

再者，博物馆文化创意产品自出现在大众面前，就以创新为旗帜吸引大众、创造话题。创意是文化创意产品的立足之道和必要内涵，故而在文化创意产品发展初期常见的简单复制、人物卡通化等创意方式应不断更新进化，若创意逐渐流于俗套，文化创意产品千篇一律，"创意"二字成为大众公认的噱头，那么文化创意产品的传播效应也会随之消减。

2. 形象具体以刺激传播

历史文化是抽象的，即便经过绘声绘色的描述仍然是不可触及的，而抽象的事物是难以传播的。虽然大多数博物馆文化创意产品只是提取历史文化的器物元素或浅层元素加以呈现，但是对大众来说，还是太难了，而器物为大众传播提供了可能性。例如，博物馆文化创意产品将抽象文化具体化，将历史文化当代化，不仅为大众提供了具体形象，同时也为想要亲近文物的受众提供了机会。文化的传播是以符号为基础的，符号是人类思想文化的载体，器物层面的传播并非只是物的传递，而是传播物所承载的历史、精神与审美等文化元素的传递。

人类的文化遗产包含物质文化遗产与非物质文化遗产，而非物质文化遗产同样离不开物质，其传播同样要依托物质。如我国传统文化中的玉文化，人们雕琢玉器、收藏玉器、欣赏玉器，实质上是欣赏"玉"被赋予、被寄托的符号意义，若剔除这些非物质元素，玉也将失去它拥有的如此高贵的价值，只单单作为一种客观存在的矿物质。

在当今社会，多元的文化艺术形式以图像、视频等方式不断向大众传递着传播者所倡导的生活方式，因其表达方式的鲜明与清晰，极具目标感与诱惑力，从而刺激着大众对这些生活方式的向往，它们不断刺激着大众的欲望，吸引大众的目光，具体化、当代化的文化创意产品对文化的传播具有极大的助力。

通过符号，大众得以窥见抽象的思维与精神，文化创意产品是对器物元素的提取利用，是对物质的转化与非物质的凝聚，它以鲜明的、亲和的、易识别与欣赏的形式吸引大众并引导大众走进更深一层的文化世界。

3. 延续记忆以接轨生活

非物质文化遗产的传播离不开物质载体，实体的物是使得情感、思维、精神等元素得以传播与传承的重要依托。对于旅行者而言，博物馆文化创意产品是旅行的一部分，是旅行意义的延伸与保留，它储存着旅行者对旅行活动、历史文化的个人情感与感悟，并以一种能够长期留存的形态伴随着旅行者。旅行中所购买的纪念品所产生的记忆存留，是对旅行空间和旅行时间的延展。在线下调研中，笔者通过与陕西历史博物馆艺术品商店的工作人员交流得知，线下店面销量最大的是冰箱贴、钥匙扣、书签等产品，其中年轻人购买得最多，年长者购买高端仿制品较多。消费者将文化创意产品买回家，无论是用作收藏、摆饰，还是其他用途，从此文化创意产品就是消费者日常生活的一部分。

人对物的依恋是永恒的，从半坡时代的图腾象征物，到殷商时代的祭祀礼器，到被历代诗化、神圣化的黄鹤楼，到历代不断复建、翻修的兰亭，到如今风靡粉丝群体的明星周边物，无不证实了这一点。而物对人的无穷诱惑，正是人精神需要的体现，实体的物是抽象与虚拟事物的明确展现，也是对往日不可追心理上的弥补。人与外界的接触需要将物作为媒介，怀想、思念、追忆、幻想等思维活动同样需要通过符号进行。如今历史文化景区、历史博物馆等地，成为文史爱好者的朝圣之地，人以物寄托精神，物凝聚着历代人的思维、情感与情怀，并以长存于世的姿态跨越时间与空间传播着这些精神元素。

第四节　文化创意产品的受传者

一、什么是受传者

受传者是通过各种形式接收传播信息的群体。在传播过程中，受传者拥有一种身份但是承担着两种角色，既是被动的传播内容的接收者，同时也是主动的信息的反馈者。从整体来看，人人都有可能成为受传者，受传者的数量极其庞大，包含不同地域不同阶层的人群，并且受传者是相对独立的匿名者，随着时间和传播内容的变化，受传者也是不断变化的。

（一）受传者类型

受传者是传播内容的接收者，传播的信息只有被受传者接收才能达成传播的目标，根据受传者对信息的接收程度可以将其分为关键受传者（积极接受者）和普通受传者（随意接受者）。关键受传者是传播者在传播初期的目标受众，是对传播起到实质性反馈作用的人群；普通受传者就是通过各种渠道能够接触到传播信息的社会大众人群，是对传播具有潜在的影响效果的人群。真正意义上的受传者是接触了传播媒介并对传播的内容有了认识理解之后进行反馈的人群，为了取得好的传播效果，就要对受传者的生理、心理进行研究，使普通受传者更多地转化为关键受传者。

积极接受者很可能就是预期受众和现实受众，随意接受者中会存在部分的潜在受众，需要传播媒介进一步引导和宣传，让他们转化为现实受众，从而增强文化创意产品的影响力。受众是如何通过选择信息来满足自己需要的呢？施拉姆曾用数学公式来说明受众通过选择信息满足自己的需要，即选择的或然率＝报偿的保证／费力的程度，也就是说满足需要的程度越高，费力程度越低，选择的可能性就越大。在传播的过程中，当传播者掌握了受众的需求，就会针对受众的需要通过不同的形式提高受众接收信息的积极性。比如观复博物馆通过观复猫来吸引"云养猫"的观众，再嫁接文物知识、历史故事，一方面将线上的爱猫受众引流至观复博物馆，另一方面提高了传播文化的娱乐性，从而推销了文化创意产品。近期推出的观复猫之云朵朵、王情圣、马都督等形象的抱枕，受到了不少受众的好评。

受众面对传播并不是被动的，受众总是通过媒介选择自己需要的内容。因此要及时了解受众的反馈和需求，以进一步优化文化创意产品的传播方式。

从本质上来说，所有参与文化创意产品传播过程的人在某种程度上都是产品的受传者，都有可能成为产品的受众人群。文化创意产品的受传者是指在此过程中最主要和最直接的目标消费用户。他们能提出最有针对性的传播效果反馈。大多数的消费者接触地域文化创意产品是通过市场流通。这个过程中，他们更多地首先接触到产品的外部视觉表征，然后是产品内在的文化内涵。

（二）受传者的受传过程

受传者是传播过程的重要目标对象，因此研究受传者的受传过程以及在这个过程中的心理变化对了解整个传播过程具有十分重要的意义。受传者在传播的过程中，对于传播内容具有一定的接受过程，可以将其分为以下几个步骤：有选择地接触、有选择地领会、有选择地记忆、情感认同和动机出现。

1. 有选择地接触

传播的基础在于能够吸引受传者的注意力，受众对于接触到的外界信息并不是全盘接受，而是有选择性地进行筛选。人们通常倾向于注意自己认知范围内的信息，同时会比较偏爱在距离以及情感上跟自己相对接近的产品。接触因目的不同可以分为有意识接触和无意识接触。有意识接触就是对事有一定程度的了解，带着一定的目的去寻求有关信息，在自己的需求范围内进行有目的的选择。无意接触则是在寻求目标信息的过程中，由于受到外界因素的影响，无意接触到了感兴趣的内容从而对其产生了兴趣。

2. 有选择地领会

对于接触到的信息，受传者会有选择的领会，这与他们的自身认知和情感因素有着很大的关系，同时与接触信息时的环境也有很大的关系。因此就要求设计师在设计过程中注重大环境下人们对新奇事物的理解程度，同时也要考虑到设计所包含的内涵与受众联想之间的相互平衡关系，不能为了追求艺术而过于抽象化，同时也要考虑受众的情感性因素，作品传达的内容会对受众的情感产生很大的影响。

3. 有选择地记忆

受传者信息进行理解领悟之后，会对其进行有选择的记忆。受众在注意到有关信息之后会产生短暂性的记忆，并根据兴趣进行选择性的认知，从而形成短期印象。

4. 情感认同

在经过了对信息的接触、领会和记忆三个阶段之后，能够在情感上使受众产生变化的表现形式往往具有持久的生命力。优秀的文化创意产品通常能在情感上让人的心理产生变化，这是建立用户对产品的忠诚度的最高表现。

5. 动机出现

能够使受传者产生动机是整个传播过程的目标，传播的终极结果是使其产生一定的购买行为。但是动机的产生和发展过程是一个极其复杂的过程，消费者有动机并不代表他们就会产生相应的购买行为，动机是促成购买的前提，受众产生实际的行为还要受到资金、计划等因素的影响。因此设计师在设计过程中要注重研究受传者的心理、环境等因素，还要考虑目标人群的年龄、收入，使创意产品既符合消费者的需要又美观。

二、受传者的影响因素

从大众传播的角度来讲，受众在使用传播媒介的过程中会受到社会条件和个人特性的影响，也就意味着消费者购买地域文化创意产品是为了满足自己某种特定的需求，这些需求涉及社会和个人因素。

其中社会条件主要是指消费者受到当下所处社会环境的影响，这些影响主要来源于社会当下的产品流行风尚和主流文化的价值取向，社会风尚主要受到"流行"的影响，流行是一种社会现象，也是一种商业行为，它可能因为文化主流等产生效应，继而基于这些因素而对消费者的需求产生影响；而从个体因素来看，其实就是从受众本身出发，他们本身的文化修养、价值观念和审美认知也影响着需求的变化。所以，设计者可以从上述两方面去把握文化创意产品的受众人群和需求定位。

确定了消费者需求的影响因素，下一步就需要考虑需求满足与否的评判角度和标准。从传播视角来看，需求的满足与否主要通过三方面来评判，即感官印象、使用体验、情感满足。其中，感官印象是消费者对文化创意产品的直接感受，表现为是否具有文化特征和视觉吸引力；使用体验指产品的功用体验是否符合人们的行为习惯；情感满足则是来源于文化内涵，即在文化价值和精神上是否有共鸣，是否达到了情感认同。

第五节　文化创意产品的传播效果

一、什么是传播效果

传播是带有目的性的活动，传播效果是整个传播过程中其他要素综合作用产生的结果，传播效果是对整个传播活动进行评价的重要标准，同时也是不断调整传播方式对其做出正向改变的重要依据。

传播效果根据侧重点的不同可以分为两个层次。

一是从人的角度出发，传播效果是传播者预期想要达到的结果，但是受众接受了传播者传达的信息之后在生理、心理上产生的改观与传播者的理想效果必然会有一定的偏差，这也是传播者可以不断调整传播方式从而增强传播效果的重要依据。

二是传播活动对社会造成的影响，传播通过作用于人从而对整个社会产生影响，在不同的时代条件下传播活动对社会具有一定的积极或者消极的作用。

二、传播效果的构成及理论

（一）文化创意产品的传播效果构成

传播效果主要是指一定的传播行为对受传者产生的影响，以及受传者所产生的变化，这些变化可能是直接的或间接的，也可能是暂时的或长期的。对于文化创意产品的传播效果研究具有实践和理论的双重意义。文化创意产品的传播主体对其所持有的观点和态度会在传播信息的过程中体现出来。受众在接触文化创意产品之后会利用媒介发表一些观点或看法，如使用体验等，以舆论的形式对他人产生影响。

文化创意产品的传播具体至微观层面，会对人的相关行为产生影响。根据传播效果发生的逻辑顺序可以将其分为认知、心理态度和行动三个层面。邵培仁认为传播效果的构成包括五个方面，分别是知识、智能、价值、态度、行为。笔者结合上述两种观点将传播效果的构成分成四个方面，即认知、价值、态度、行为。

受众对文化创意产品的认知在很大程度上受到大众传播的影响，当大量的信息持续再现于受众的认知系统时，就会在无形中改变他们对文化创意产品的文字或实物信息的认识，于是就在认知上产生了一定的效果。认知的改变是传播者赋予知识、发出信息，受传者接收信息、理解含义、掌握知识、重新认识旧知识等一系列过程形成的。文化创意产品信息能对受众进行道德层面和审美层面的熏陶，也就是说能对受众的价值体系产生影响，不同的文化创意产品对受众的影响是有差别的。

当传播活动在人们的观念或价值体系上引起情感上的变化时，则会在心理和态度上产生效果，受众通过对文化创意产品产生好感进而改变对某种文化的印象。大众传播和人际传播还可以通过相关提示直接或间接地影响受众的行动。如借助"把博物馆带回家"的宣传口号刺激受众购买博物馆文化创意产品。传播者利用不同的传播介质和传播方法，激励受众关注、接受文化创意产品，改变原有的行为习惯、审美习惯，使其朝着传播者期望的方向发展。

（二）文化创意产品的传播效果理论

传播效果的形成过程取决于传播过程中涉及的不同因素，如受传者、传播信息、传播媒介以及环境等因素。文化创意的工作人员、文化创意商店的工作人员都是传播主体，与受传者联系紧密，他们对文化创意产品的认识和态度会影响到受众的看法，受众将结合接收到的不同信息作出反应。

因时间的碎片化、媒介的普遍化，受众早已置身于媒介之中，获取文化创意产品的信息更需要媒介的参与，甚至还要运用媒介帮助作出选择。梅尔文·德弗勒和桑德拉·鲍尔－洛基奇在《大众传播学诸论》中提出了媒介依赖论，认为媒介在社会中越重要，人们越依赖它。大众传播机构的权威性及在运作管理中所呈现的气氛及引导大众参与其中的行为方式形成了传播媒介的环境，积极的环境会促进传播各个环节的良性运转。以微信为例，文博界面向大众的微信公众平台主要有"在线文博""弘博网""文博圈""中国文物交流中心"，除了发布相关信息外，也会推送文化创意产品的信息。

传播效果的形成过程影响着传播策略的选择，对它的研究有社会说服论、认知一致论、认知失调论、文化规范论、议程设置论、知识鸿沟论、沉默螺旋论、媒介依赖论等诸多理论。因大众媒介的强大力量，尤其是在政府主导下的传播效果更容易受到媒介的影响。议程设置理论最早由马克斯韦尔·麦库姆斯和唐纳德·肖在《大众媒介的议程设置功能》一文中正式提出，他们认为大众媒介或许无法指示我们怎样去思考，但它可以决定我们看些什么、想些什么，什么问题是最重要的。大众媒介有能力通过新闻报道、评论等聚焦公众的注意力，转变公众的原有认知。

三、文化创意产品的传播效果

文化创意产品是实现商业价值和促进文化传播的载体，传播效果是其他传播要素综合作用下的结果，是检验整个传播过程对受众影响的体现。受传者在态度表现以及情感上的反馈是传播效果最具体的表现，是设计师设计的重要参考，能够帮助传播者针对设计活动作出修正。

在文化创意产品推向市场后，需要面向受众进行调研，主要是对传播媒介的传播效果进行评价。这是因为要借助传播媒介对包含丰富的地域文化信息的文化创意产品进行宣传推广。客观上传播效果一定程度上受到产品设计表现的影响；从主观上来讲，究其本源，设计师对传播效果产生最直接的影响，同时受众作为信息的接收者，其理解也对结果有着十分重要的影响。因此，影响传播效果的因素主要是人和产品，影响传播效果的人包括文化创意产品的设计师和受众。文化创意产品的文化性、功能性、创意性和情感性等属性也对传播效果有影响。

影响传播效果的因素是多方面的，但最重要的因素是受众，尤其是受众的接受程度。一般情况下受众对文化创意产品的接受程度高，就意味着这种文化创意产品的传播效果好。在美国，文化创意产业被称为"版权产业"，分为四大类，即核心版权产业、交叉版权产业、部分版权产业、边缘支撑产业。美国的文化产业一直遵循"高成本，高收益"的投资理念，"利润最大化"永远是他们的第一信条。当然，仅靠高投入是不行的，美国的文化产业深知市场的重要性，他们严格按市场规律办事，采用产品开发、建立全球销售网络、宣传促销和捆绑销售等多种手段和方法，以实现利润最大化。迪士尼可以说是这方面的行家里手，迪士尼一般分五步获取最大赢利：票房收入是第一轮收入；发行录像带、DVD是第二轮收入；迪士尼主题公园的推广是第三轮收入；特许经营和品牌专卖是第四轮收入；最后，通过电视媒体获取最后一轮收入。据统计，在迪士尼的全部收入中，电影发行加上后续的电影和电视收入只占30%，主题公园的收入占20%，其余50%的收入则全部来自品牌销售。版权产品成为美国最大宗的出口产品，特别是美国的影视业和软件业发展迅速，在国际市场中优势明显。美国版权产业在出口增值等方面的持续增长，巩固了版权产业作为美国经济发展的支柱产业的地位。可以说，从这些角度来判断的话，美国的文化创意产业传播取得了良好的效果。反观中国的文化创意产业，虽然与美国相比我们还有很大的差距，但是一些数据反映出受众对于文化创意产品的消费正连年增加，利润也在逐渐加大，证明传播效果也在不断加强。

四、传播效果的局限性

传播效果的产生是一个非常复杂的过程，任何一种传播活动都希望获得好的传播效果，然而从传播者发出信息到受众接收信息，这其中会有很多不确定的因素，如信息传递的缺失、受众理解的偏差以及受传者的不同评价等，在每个环节都有可能存在问题，因此并不能保证信息可以准确无误地传达到目标受众。

首先，从文化创意产品的传播主体来说，其传播主体决定着传播的内容和传播的时间节点。即使是相同的传播内容，受众会依据不同的发布信息主体作出信息的可信度和专业性判断。传播主体在受众之间的信誉度越高，传播效果越好。根据霍夫兰等人的"休眠"效果理论可知，传播主体发出的信息的可信性在短期内能起到良好的效果，但是最重要的仍然是信息本身的价值影响力，即文化创意产品的价值含量和受众认可度影响着传播效果的好坏。

其次，从文化创意产品本身来说，文化创意产品的本体信息、功能性信息、历史性或社会性信息都会影响信息的生产和传播。其本体信息包括材料、颜色、形状、样式、质量等；功能性信息，包括文化创意产品的用途、实用性或观赏性、摆放的场合等。历史性或社会性信息是文化创意产品创意的来源，也是反映内涵和设计感的重点。好的文化创意产品大都有着引人入胜的故事内涵，能够进行无声的信息传递，通过产品呈现的故事就体现了对文化创意产品信息挖掘和诠释的程度，也是赋予产品新生命的另一种表达。信息的传达必然是人为的二次加工，必然会出现信息折扣现象。

最后，从受众的角度来看，传播者对传播的内容会进行一定程度的美化，以此来吸引受众的关注，而受众在接触不同的信息之后会主动过滤信息，在过滤信息的过程中依据不同的意见形成自己的看法，进而作出判断。比如有的网友认为故宫博物院推出的入耳式朝珠耳机，创意十足，而有的网友却评价不太好用，不同的评价会影响受众的选择倾向。因此受传者对信息的选择也会成为限制文化创意产品传播的因素。

第七章　新时代文化创意产业的发展

时至今日，新媒体的勃发与使用已成为无可争辩的现实。在机遇与挑战并存的现实环境中，依托数字信息时代的网络传输便利，网络的交互性以及开放性、共享化特质，正在继续改变着文化创意产业的整个生态。本章分为数字技术与文化创意产品的创新、移动互联网技术对文化创意产业的影响、新媒体艺术与文化创意产业的融合互动、新媒体时代文化创意产业的媒介营销趋势四部分，主要包括数字技术的定义、数字技术对文化创意产品的影响等内容。

第一节　数字技术与文化创意产品的创新

一、数字技术的定义

数字技术主要包括场景设计、角色设计、游戏编程、新媒体处理、人机交互技术，主要用于游戏开发、网页设计和创意设计。

数字技术是综合处理文字、声音、图形、图像和其他信息的技术。

它所涉猎的中心技术和内容主要涵盖了数字信息的获取、输出、存储、处理、传播等。

二、数字技术对文化创意产品的影响

随着网络技术、多媒体技术、虚拟现实技术等新技术在文化创意产业领域的应用，滋生了以动漫、网游、网络电视、微电影、手机报刊等为代表的创意产业新业态，丰富了文化产品的表现力，增强了文化产品的传播力。数字技术对文化创意产品的影响主要表现在以下几个方面。

（一）数字技术提升了文化创意产品的传播能力

数字技术主要从三个方面提升了文化创意产品的传播能力。

第一，数字技术加快了文化创意产品的传播速度。以印刷品为例，从印刷厂到邮局再到终端用户的发行周期常常需要好几天；电影影片的发行也需要运送笨重的电影胶片拷贝；而书籍杂志或影视中的信息被数字化为比特之后，它们就可以瞬间到达目的地。

第二，数字技术使得文化创意产品的影响范围扩大。文化创意产品在数字化以后，可以放到网上方便地进行传播，其影响范围也就从过去的局部地域变成了全世界。

第三，数字技术丰富了文化创意产品的表现力。数字技术赋予文化创意产品的多媒体性和交互性是以前的技术很难达到的，基于数字技术的文化创意产品可以采用丰富得多的叙事方式和媒体手段，这大大增强了它传播文化、科技信息的表现力。

（二）数字技术使文化创意产品能够再现完整的感官体验

使文化创意产品再现完整的感官体验是数字技术所具备的一项重要功能。现阶段，普通的多媒体技术就已经具备了顺利结合视听觉的功能，而虚拟现实技术更是先进得多，它所使用的三维传感设备也已经能够做到对动作变化进行实时追踪，甚至还有成功实现嗅觉和味觉数字化的案例。以色列魏茨曼研究院的兰切特教授和哈雷尔教授就发明了一种能将香味信息转化成化学"指纹"的气味传输装置，这种转化成的"指纹"主要由一组数字组成，并且该装置还能发出一种气味，使人的大脑得到相同的感觉。安立与日本九州大学的研究小组成立的智能传感技术研究机关深入研究了人的舌头的味觉原理，并且成功实现了味觉的数字化。虽然这些技术仍未大规模地应用于文化创意产品中，但是随着应用环境的改善以及技术的成熟，文化创意产品综合利用各种感觉媒体来完整传递感受的功能终将得以实现。

三、基于数字技术的文化创意产品创新策略

根据产品创新的定义，它是从用户需求出发的创新，而产品层次理论正是根据用户需求将一个完整的产品分为了若干层次，产品创新也就可以在不同的层次上采取相应的策略。

（一）基于数字技术的形式创新

基于数字技术的文化创意产品创新策略在基础产品层次上主要表现为形式创新，这可分为两种类型：将传统文化创意产品转化为数字形式和开发新形式的数字文化创意产品。

1. 将传统文化创意产品转化为数字形式

传统的文化创意产品数字化主要从以下几个方面进行：文字的数字化、图像的数字化、音频和视频的数字化、实物的数字化。

文字的数字化主要是针对图书和期刊。它们的主要内容是文字，只要将对应的字符用二进制编码表现出来，转化为数字形式即可。文字的数字化已经形成了相关的技术标准。目前传统出版社、报社等传媒企业纷纷进行数字化转型，推出数字化产品，进行数字出版，如人民日报数字版等。

图像通过技术手段转化为数字形式。通过特殊工艺我们可将图片加工成线条和数字符号，即图片被分割成离散像素，进而实现数字化。

传统音频和视频也可以通过数字技术手段进行"0""1"转换。数字音频是由模拟音频经抽样、量化和编码后得到的；数字视频同样是对模拟视频进行转换。在数字音频和数字视频快速发展的基础上，越来越多的影视节目转化为数字形式，融入了数字影视的大潮流。

文化遗产（特别是古建筑或文化空间）的数字化则有所不同，不易于数字化。其最基本的数字化方式就是拍摄数字照片和数字视频。如今数字技术能提供更高级别的数字化形式——全息投影、三维全景等技术。全息投影利用光学原理记录实物各个角度的细节，然后在空中投影出立体的物体图像。三维全景展示，用户可以在每个视点做 360 度旋转，从而获得身临其境的感觉。

2. 开发新形式的数字文化创意产品

在将传统文化创意产品转化为数字形式之外，还可以利用数字技术开发一些新形式的数字文化创意产品。其综合性的表现就是近年来兴起的博物馆、文化馆、科技馆、主题公园的数字建设。

（二）基于数字技术的功能和服务创新

根据产品分层理论，文化创意产业的基础产品和延伸产品两个方面的创新，主要表现为功能创新和服务创新。

1. 功能创新

提到数字技术和数字化，人们通常想到的几个新功能是多媒体功能和交互功能。

（1）多媒体功能

在传统的文化创意产品中，只有影视产品能够提供视听两方面的多媒体感受，但在数字化之后，其他文化创意产品等也可以获得多媒体性，在这方面形成功能创新。对游戏软件和虚拟现实系统等新型数字文化创意产品而言，多媒体性则是它们与生俱来的功能。因此，在基于数字技术的文化创意产品创新中，加强多媒体性也是一个重要策略。

虚拟现实系统类文化创意产品在多媒体功能方面的要求则要高出许多。虚拟现实的本质要求就是充分利用人的各种感觉器官，营造出一个几乎等同于现实的环境。而现在的虚拟现实系统还处于发展的初期，主要使用的媒体还是视觉和听觉，有时能够加上触觉和嗅觉等。利用这些新技术手段来加强文化创意产品的多媒体性，形成功能上的创新，是文化创意产品数字化的一个重要策略。

（2）交互功能

数字技术可以提供的另外一个重要功能是交互。传统的文化创意产品多是仅供人观看或单方面使用的产品，而数字技术带给人们的一个基本期望就是可以进行交互，并进而在某种程度上实现产品的智能化。

交互功能指文化创意产品能和用户进行双向的沟通和交流，用户因此不再是被动的接受者。传统的文化创意产品是典型的单向传播产品，在有了数字技术的帮助之后，用户可以与数字化文化创意产品进行一定程度的交互。数字博物馆、主题公园则比较明显地体现了交互功能，甚至达到了某种程度的智能化。智能化功能的要求比交互更高，它是指文化创意产品在更高的逻辑层次上实现交互。

2. 服务创新

服务创新有利于实现产品的差异化，文化创意产品创新如果脱离服务创新，仅从形式和功能方面着眼，很难满足市场及顾客的需求。服务形式的多样性，主要是指产品所附加的服务是根据客户真实的个性化需求而提供的，服务内容、服务质量都可能具有多样性。

产品创新能引发服务创新，服务创新也有助于产品创新。服务创新有利于实现产品特征差异化，能满足顾客的个性化需求，从而提高顾客忠诚度和维持企业的竞争力。

第二节　移动互联网技术对文化创意产业的影响

一、移动互联网技术在推动文化创意产业发展方面的作用

（一）重组文化创意产业的运营模式

未来的文化创意产业将以移动互联网为主要平台，其运营模式将发生很大的改变。对于移动互联网用户而言，影视、戏剧、文学、动漫、游戏等不同领域跨界衍生的现象已成为常态。"互联网＋传统文化创意产业"将成为一种新的运营模式，这种模式有利于实现产业价值的最大化。

（二）改变文化创意产业的营销方式

互联网企业对文化产业的渗透浪潮滚滚，"互联网＋文化创意产业"的模式也必将改变产品的营销方式。在大数据时代下，一方面，企业应积极使用移动互联网技术开展与电商的广泛合作，通过建立健全网络平台、对接线下营销的方式，进行线上线下的双向合作；另一方面，企业要与时俱进，加快营销方式多样化的步伐，对游戏营销、精准营销等新型营销策略加以利用，健全企业的营销网络。

（三）刺激文化创意产品的消费

移动互联网通过整合创意、技术、人才、资本等要素，形成了兼容性很强的文化创意产业平台，从而拉近了文化创意产业和文化消费者之间的距离。近年来，移动互联网已成为文化创意产品消费的重要途径。2020 年，中国网络文学市场规模达到 249.8 亿元，累计创作 2905.9 万部网络文学作品，网络文学作者累计超 2130 万人。截至 2020 年 12 月，我国网络视频用户规模达 9.27 亿，较 2020 年 3 月增长 7633 万，占网民整体的 93.7%。截至 2020 年 6 月，我国网络游戏用户规模达 5.40 亿，较 2020 年 3 月增长 805 万，占网民整体的 57.4%；手机网络游戏用户规模达 5.36 亿，较 2020 年 3 月增长 699 万，占手机网民的 57.5%。

可以说，文化创意产品的消费规模已十分庞大。并且由于更多的人上网，更多的数据被获取，对网络用户的短期消费行为进行预测分析也变得更加容易。这不仅使不同个体的个性化需求更容易得到满足，而且将进一步增加人们的文化创意产品消费意愿。

（四）推动文化创意产品制作成本降低

数字技术的发展使得各种功能软件不断诞生，如电脑制图、图片修改、音频及视频录制、电脑模拟等。这些高科技软件制作的文化创意产品色彩艳丽、声音悦耳动听，使得消费者购买文化创意产品的意愿增强。如电影《阿凡达》以 27亿美元的票房收入获得全球电影票房历史排名第一，其 3D 视觉效果使影迷体验了身临其境的感觉。另外，传统图书出版需要经历排版、印刷、装订等工序，费时又费力；而电子图书只需要保存一个小小的电子文件即可，制作成本几乎为零。电子图书的成本优势使得数字出版发展迅猛。

（五）推动文化创意产品流通成本降低

传统文化创意产品一般为实物形式，产品流通一般需要经过产品包装，搬上货车、火车或飞机长距离运输及人工卸货等环节。在整个过程中，通常要耗费半个月的时间，并且要花费高额的流通费用。而移动互联网技术的发展，使得以电子文件为载体的文化创意产品在消费市场上的流通成本几乎为零。产品制作商只需要将文化创意产品上传至网站，消费者只需上网点击下载即可，仅仅用时几分钟，时间短、花费少，普通大众都有这个消费能力。因此，移动互联网技术降低了文化创意产品的消费门槛。

（六）推动文化创意产品传播渠道增加

传统的文化创意产品只能通过实体店的方式销售，如书店、图书馆、电影院、剧院、画廊、展览馆等，覆盖范围小。只有实体店周围几公里内的人们去看，居住在其他地区的人们由于路途遥远而不愿享受文化创意产品，再加上价格昂贵，只有少数人有消费能力。

移动互联网技术使文化创意产品的传播更加便捷，无论在城市还是在乡镇，无论是白领、富豪还是普通职工，只要有电脑可以上网，点击各种网站即可消费自己喜欢的文化创意产品。

（七）推动文化创意产品消费时间增加

传统的文化创意产品一般为实物产品，不利于携带，消费者一般要拿出专门的时间来体验，如周末去电影院看电影，下班后吃完晚饭看电视，睡觉前在床上看书。移动互联网的出现改变了人们的文化消费方式：坐公交、挤地铁的时候，人们可以拿出手机看电子书；坐火车的时候可以拿出 iPad 看电影；工作累了，可以抽空打开网站浏览新闻；饭后休息时可以看看视频；晚上睡觉前可以拿出手机看看微信里"朋友圈"的动态。这些零零散散的时间人们没有浪费，全都用于消费文化创意产品。

（八）拓宽文化创意产品的创意来源

互联网技术将文化创意产品设计者与消费者紧密联系在一起，文化创意产品设计者能更全面地了解文化创意产品的目标市场信息。同时，网站的互动功能（如留言板、BBS、上传功能）使每个人既是文化创意产品的消费者，又是文化创意产品的设计者，每个人都在为这个文化市场提供创意。创意不再是文化专业人士的专利，而是全社会的集思广益，广泛的创意必然导致文化创意产品的增加、消费的增加。

移动互联网技术促进了文化创意产业与信息产业的融合，文化创意产品的设计、制作、传播和消费变得方便快捷，为文化创意产业发展开拓了市场空间。

二、移动互联网技术给文化创意产业带来的挑战

有时因移动互联网用户信息透明，用户隐私遭到侵犯的现象时有发生。目前公众对将用户的互联网浏览足迹、购物记录等数据进行销售或利用这些数据与企业进行有针对性的合作的行为持有很矛盾的看法。一方面，有针对性的销售使消费者可以更加便利地获取想要的信息，从而缩短浏览搜索的时间；但另一方面，消费者则认为，将其行为、爱好在不经过他们允许的情况下暴露给企业，侵犯了他们的隐私权。文化创意产业在利用大数据发展的过程中，也难免会遇到这种问题，而这无疑会对企业发展产生某些负面影响。

（一）管理经营方面

目前，我国的文化创意产业分布较为分散，尚未形成大规模的产业集群，但在"互联网＋"的推动下，文化产业集群的形成进一步加速。综观全局，造成目前产业分布分散的原因有二：其一，文化领域内的垄断与封锁导致市场无法发挥资源效益；其二，各地方普遍缺乏明星主导企业，群龙无首使得单一的文化企业存在经营水平低、经营收益差的缺点。

"互联网＋"在试图促进文化创意产业集群形成的同时，也开启了创意园区的新经营模式。众筹模式逐渐成为创意园区的融资新模式，移动互联网金融成为园区资本服务的新模式。科学技术、文化资源、交通环境资源和管理资源是移动互联网时代文化创意产业的重要驱动力。

网络文化的快速发展为文化创意产业提供了丰富的创意素材，活跃的文化氛围让文化创意更加具有生产力，网络文化的发展促进了新兴文化创意产业的发展。我国文化创意产业集群分散，特别是在中西部比较落后的地区，文化创意产业尚未形成产业合力。由于缺乏核心技术，文化创意产业链升级缓慢，创意成果产业化力量薄弱。

（二）媒介融合方面

媒介融合是"互联网+"背景下文化创意产业面临的重大议题。这里的融合不仅指传播过程中传播者、传播渠道、传播内容、传播对象之间的融合，还指文化创意产业跨地区、跨媒介、跨行业的发展和壮大。文化创意产业面临的另一挑战，是要尽快促成O2O线上虚拟文化创意园区的快速发展。纵观全球文化创意产业的发展趋势，整合化、数字化、平台化、重组化、融合化、一体化成为各国文化创意产业发展的共识。

大数据时代，移动互联网技术在促进文化创意产业发展方面的作用有：刺激文化创意产品的消费；重组文化创意产业的运营模式；改变文化创意产业的营销方式；开创文化金融融资新模式。我国文化创意产业的整合一体化不仅要实现传播者、传播渠道、传播内容、传播对象之间的融合，还要在跨媒介、跨行业的更大平台上实现融合。

（三）知识产权保护方面

知识产权保护与信息安全是"互联网+"对文化创意产业提出的又一亟待解决的命题。学者赵莉指出，大数据时代对文化创意产业的不利影响有信息安全问题、用户隐私遭到侵犯和知识产权保护问题。学者孙铁柱、刘谭指出，我国文化产业发展中依然存在知识产权保护不力的问题。

在知识产权问题中，最核心的是版权问题。在"互联网+"的影响下，版权问题势必更加凸显，成为我国文化创意类企业发展的瓶颈。要解决网络环境中的版权问题，关键是要完善文化创意产业的知识产权制度。"互联网+"时代的知识产权保护与信息安全问题是互相涉及、相互影响的。

"互联网+"对文化创意产业的创意成果而言是把双刃剑：一方面，文化创意成果可以通过移动互联网得到快速传播，让更多的人享受到文化创意成果带来的便利；另一方面，知识侵权、盗版、盗窃创意等问题层出不穷，对我国文化创意产业的发展造成了一定的损害。

三、移动互联网技术与文化创意产业的融合发展

（一）积极保护知识产权

移动互联网技术给文化创意产品的传播带来了便利，但也为不法分子复制、转录未授版权的电子文化创意产品提供了可乘之机，严重损害了文化创意工作者的利益。政府要加强知识产权保护力度，严厉打击各种非法侵权行为，严惩盗版商户。工商、文化部门应联合公安网警，定期在网上抽查文化创意产品复制传播情况，一旦发现有违法行为，严格查处，追究相关责任人的法律责任。我国应建立完善的监管体系，鼓励公众通过微博、微信等方式进行监督举报，维护文化创意工作者的合法权益。

（二）推进智慧城市、数字城市建设

当今时代，人们消费文化创意产品的方式正在从传统的实物方式向电子方式转变，一般是以电脑、手机为工具消费文化创意产品。因此，传统的文化创意产品就要制作成电子文件的形式，以适应现在的消费终端。例如，应用数字技术对传统传媒业、出版业、影视制作业的产品进行数字化，将经典的胶片电影、电视剧转换成电子视频文件，将舞台歌舞剧、文艺演出和艺术展览录制成 3D 视频文件，将传统书籍制作成电子图书，发行数字报纸（如手机报）、电子图书等。又如，建设数字图书馆、数字博物馆、数字艺术馆、数字书店、数字剧场等数字文化创意产品消费场所，鼓励在线教育、远程视频教育、网络公开课等多种教育形式，将文化创意产品渗透到人们生活的每一个环节，使人们可以随时随地享受文化盛宴。

（三）制作多国语言版本的文化创意产品

通过互联网，全世界的人们时刻联系在一起，全球化不仅是实物商品的全球化，也是文化创意产品的全球化。当我们浏览外国网站、观看外文视频时，我们在消费外国文化创意产品。同样，我们也可以将我国带有民族文化底蕴的文化创意产品制作成英文、德文、日文等多种外文版本，通过互联网这个媒介将我国的文化创意产品放在外国网站上传播，吸引外国人民消费，以相对较低的成本，实现民族文化"走出去"战略，弘扬中国价值观。

（四）大力培养复合型人才

移动互联网与文化创意产业的融合需要具备"技术＋创意"的复合型人才。

这类人才不仅应熟悉移动互联网领域的应用技术，还要具有一定的文化创意才能，这仅仅依靠从业者的自身努力在短时期内是难以实现的，因此需要政府在相关专业人才引进与培训方面制定长期规划，形成良好的人才发展氛围。同时，设立人才培训基地，帮助中小企业和互联网企业培养优秀的复合型人才，"授人以鱼不如授人以渔"，最终使企业形成自己的人才培养机制。

（五）创新文化创意产品的盈利模式

文化创意产品要想持续发展，必须创新其盈利模式。每一个优秀的文化创意产品的诞生都会消耗人力、物力和财力，这些都是文化创意产品的制作成本，如果这部分成本无法收回，制作公司或者个人就没有制作下一个文化创意产品的动力，从业人员就会逐渐离开这个行业，文化创意产品的创作也就无法持续。目前，广告是文化创意产业的主要盈利方式，点击率是广告投放的主要参考指标。李克强总理在 2014 年 9 月的夏季达沃斯论坛上提出了"大众创业、万众创新"的号召，鼓励文化创意产业运用互联网思维，发掘消费模式，创新盈利模式，促进文化创意产业可持续发展。

（六）加强对文化创意产品的监督审查

文化创意产品的创作可以分布在人群的各个角落，每一个个体就是一个创作源，不同个体的教育背景、家庭背景、生活经历都不相同，每一个个体对社会的看法也不会完全一致，而文化创意产品对人们的价值观和世界观具有重要影响，文化创意产品对我国国民素质和国民精神具有重要的引导作用，因此，我们要对这一领域进行必要的监管，对文化创意产品的内容进行审查，对低俗文化予以销毁，对违法文化产品追根溯源，找到违法文化产品的制作者和传播者，依法对其惩处，保证文化产业的健康发展。

（七）发挥好媒体的引导宣传作用

技术的发展和企业的创新只有与市场需求紧密联系起来，才能转化为现实消费力，因此，应该发挥好媒体的宣传引导作用，提升消费者对文化产品的消费热情，刺激需求。

第一，对新技术进行宣传科普，帮助消费者熟悉并购买。移动互联网技术作为新科技的代表，与一定的消费人群存在距离，如农村消费者以及老年消费者，他们对新技术的畏难情绪一定程度上阻碍了他们对移动产品的消费，因此，文化企业应该发挥自身宣传推广的优势，利用社会媒体起到宣传科普的作用，对新的互联网文化产品进行便民宣传，对其操作和功能以易于理解的方式进行大范围的宣传，提升消费者对新的互联网文化产品的熟悉度，帮助他们作出消费决策。

第二，引导转变生活方式，刺激移动文化产品的消费需求。仅靠社会自身的消费方式转变速度，对推进整个社会的生活方式智能化、移动化进程来说还不够，社会媒体应该承担起宣传引导的作用，对新型的、智能化的、便捷的移动休闲方式进行普及和宣传，提高消费者对移动文化产品的熟知度和关注度，引导消费者转变生活方式和消费结构，从而进一步刺激移动文化产品的消费需求。

第三，普及知识产权保护理念，保障内容产业的健康发展。尽管国家已经出台了一系列知识产权保护的法律法规，但盗版行为仍然屡禁不止，尤其是随着互联网和移动互联网的逐渐普及，传播渠道的多样化为网络盗版和侵权行为提供了更多的寻租空间，直接损害了内容产业的健康发展，因此提高公民的知识产权保护理念刻不容缓。利用社会媒体的道德教化力量在全社会进行舆论引导，配合国家法律的强制规范，在国民心中树立知识产权保护的观念，自觉抵制盗版和侵权行为，切断违法利益链，保障内容产业的可持续发展。

第三节　新媒体艺术与文化创意产业的融合互动

一、新媒体艺术概述

新媒体艺术于 20 世纪 60 年代得以在欧美地区兴起，针对新媒体艺术众多专家学者展开了一系列研究。简而言之，新媒体艺术即新媒体技术在艺术作品中的应用，是艺术与新型科学技术的有机融合。新媒体艺术的核心要素为前沿科学技术在艺术作品中的应用以及相关的艺术表现形式，广义上而言包括电子计算机艺术、影像装置艺术、网络艺术、DV 数字影像艺术等，属于一种将电子媒介、光学媒介作为基本语言的艺术。对于以往的语言实验、艺术实践而言，新媒体可理解成所有传统媒介之外的艺术形式，对于数字时代而言，狭义上而言新媒体艺术则是将计算机数字化方式方法、虚拟环境、网络平台等作为载体的一种艺术形式。

二、新媒体艺术赋予文化创意产业的新特性

往往抓住对象要点，是将作品表现完整的关键。抓住对象要点并不是根据对象特征泛泛思考，而是根据作品需求，进行综合性的考量。在形成作品的时候需

要思考，针对对象是应该抓住对象个性还是共性，抓住对象的个案还是趋势，抓住对象的广度还是其特殊性。

如果作品着重反映个案，则无需将庞大的数据进行统计处理，而需要筛选符合需求的案例加以修饰。如着重反映数据的通性、趋势与普遍共性，则需要将数据进行整合，筛选整体特点。

（一）数字性

在新媒体渐渐渗入文化创意产业各个环节的过程中，文化创意产业就被烙上了数字化的印记。传统文化产业已开始向数字化方向发展，数字内容产业以创新为动力，结合文化资源的最新数字技术，以一种新的生产方式和消费模式催生了一个新的产业群，创造了显著的经济和社会效益，如手绘艺术作品可经过数字化处理后复现在显示器上。

文化产品不再仅仅以报纸、书本和录像带、磁带这样的形式生产、发行。3C 产品风行一时又升级换代，可以说是日新月异，这为数字杂志、数字报纸、数字电影、电子书的发行提供了赖以生存的土壤，多媒体带来的眼、耳、手同时参与的体验模式以及不断成熟的新媒体技术又灌溉了这块土壤。在会展行业，新媒体突破了传统的展览展示方式的局限，使有限珍贵文物资源数字化，世博会上"会动的清明上河图"就是文化数字化的生动展现。同时在展览方式上，上海美术馆、国家博物馆、北京天文馆都开设了网上观展的形式，用户在互联网上就可以实现 360° 全景观看，同时还可进行一定程度的互动体验。

（二）交互性

当我们拿起手机看视频、阅读新闻时，当我们完成邮箱、购物网站的会员注册时，或者当我们在网络上发表自己的观点时，又或者当我们玩游戏与其他玩家交流时，不知不觉我们已经完成了某种意义上的人机交互，这种特别的交流方式是新媒体赋予文化产业的另一个特性——交互性。

文化产业中新媒体的交互特性体现在两大方面：以空间中墙面、地面为代表的实体环境内的互动和以窗口界面为主的虚拟环境下的互动。不得不说自有计算机以来，键盘、鼠标在过去近半个世纪成了人类与计算机沟通时的最主要和最常见的介质或者说是工具，然而，当语音识别、光学字符等识别技术迅猛发展并且能达到有效交互的目的时，人们就能够摆脱键盘、鼠标，因为只需在触控屏上用手指点一点、划一划、写一写，或对着机器说几句话让它为我们做点什么，甚至只需在几个摄像头前随便做个表情或者手势，就能达到互动的效果。然而这些仅仅是停留在技术和表达的手段上的革新，并没有实现和发挥交互过程中的客体的意义和价值。互动性是指在信息传播的过程中，客体与主体发生同步交流。

因此，交互性的内容本身就是一个需要设计的审美互动，艺术家的理念通过交互体验去传递、表达和完善，这就需要将审美接受客体的价值整合纳入其中，预留出审美意义的空白，通过创造出丰富的交互体验，来完成审美互动的价值空间的构建，以此来帮助人们交流和理解。最好的用户界面就是能创造有意义的用户体验的界面，这是一个虚拟环境交互设计者的追求，然而目前的困境是，如何利用界面设计吸引观众参与到互动中来。比如，某家网站为了更好宣传推广产品，就做到了把产品生活化，该网站先拍摄出每个系列产品在一个普通人家的布置和使用情况，当鼠标滑过的时候，静态的页面就复活成动态的生活场景，演绎一个生活的片段，更有网站上的产品显示出来。这就超越了简单的人机交互的网站设计，成功将消费者带入了用新媒体阅读产品信息的体验互动时代。

三、新媒体艺术与文化创意产业融合互动的必要性

（一）推动文化产业转型升级的必然举措

近年来，文化创意产业一词多次出现在政府工作报告、文化产业发展规划、文化产业发展政策文件中，体现了我国对于文化创意产业的重视程度。

第一，推动新媒体艺术与文化创意产业的融合互动，可以实现技术、文化、艺术三者之间的有机融合，推动我国文化产业转型升级。新媒体艺术的快速发展，能够充分挖掘文化产业的潜力，为文化产业转型升级注入新的活力。

第二，推动新媒体艺术与文化创意产业的融合互动，可以进一步拓展文化产业的发展空间。

（二）助力文化强国战略实施的内在要求

文化产业是当前各国发展经济过程中重点关注的产业，不仅能够带动一国经济的发展，还可以推广一国的文化。我国需要进一步推动文化产业转型升级和创新，推动我国文化强国战略的实施。文化产业作为第三产业，具有低能耗、低污染、高产品附加值的特点，符合当前我国产业转型升级的基本要求。发展文化创意产业，推动新媒体艺术与文化创意产业的融合互动，可以提升我国文化产业的国际竞争力。除此之外，推动新媒体艺术与文化创意产业的融合互动，可以进一步加强文化创意产业与新媒体艺术之间的联系，打造艺术经济、美学经济。

四、新媒体艺术与文化创意产业融合互动的表现

（一）融合互动之"文化产品"

新媒体艺术是建立在科学技术快速发展的基础之上的，可以说几乎每一次科技的革新都直接或间接地带动了艺术的发展。特别是新媒体艺术中科技的植入不仅使艺术创作的主体、艺术创作的题材、艺术创作的途径、艺术创作的过程发生了质的变化，也使新媒体艺术在文化创意产业链条中的作用得到了升华，使文化创意产业的发展跳出了时间和空间的限制，在产业发展的各个环节都体现出技术与艺术的融合。以文化会展产业为例，在传统的媒体语境下，作品的展示过程是相对静态的，受众在大多数情况下只能通过眼睛近距离地欣赏作品，而在新媒体艺术的作用下，通过光学媒介和电子媒介的运用，作品的展示过程更加动态化，受众可以通过视听结合或直接体验的方式欣赏作品，同时不仅是作品本身，作品的创作过程也成了会展的一个组成部分，并且通过数字化、网络化的作用，作品展示和传播的范围也更加广泛，展示和传播的效率也得到了提升。

（二）融合互动之"文化服务"

文化创意产业具有较高的社会价值与艺术价值，能够实现传统文化的继承与弘扬；能够提升受众对文化艺术的重视度，提升受众文化素养，帮助受众树立文化自信，加深受众对艺术与文化的理解；能够促进区域经济产业转型升级，带动区域经济繁荣发展。新媒体艺术与文化创意产业存在相互作用，可进一步促进文化创意产业文化服务水平的提升，使文化服务更具体验性、交互性、真实性。例如，在景观设计中利用虚拟现实技术，将景观、文化、艺术、技术相结合，通过刺激受众视觉感官、听觉感官、嗅觉感官等，增强受众的感官体验，满足受众的精神需求，增强文化服务的人文性、科学性。以广西桂林《印象·刘三姐》为例，它以民间流传的刘三姐故事为主题，结合桂林山水壮丽的景观，通过新媒体艺术声、光、影、电等的创作，促进山歌与景观、民族风俗的有机结合，为受众带来了至真至幻的审美享受。

（三）融合互动之"智能产权"

在文化创意产业链中，知识产权的开发和运用一方面保证了文化产品的原创性，另一方面也为产业的发展提供了法律依据。而新媒体艺术的发展也必须强调健康有序的环境的建立及智能产权的保护。科技的力量是巨大的，在科技力量作用下的艺术形式、艺术内容也是千变万化的，但设计者通过作品所传达出的思想

则必须符合精神文明建设的要求和社会大众的情感认同，特别是能够引入文化创意产业中并形成一定产业价值的新媒体艺术更需要从生活中来，到生活中去，而不能只注重商业价值，一味地强调艺术形态的夸张和新奇。

第四节　新媒体时代文化创意产业的媒介营销趋势

一、媒介及其相关概念

（一）媒介的内涵

人们通过交往以互换信息、达成共识，最终实现文化共享，这是媒介的根本功能。那么什么是媒介呢？可能有人会认为这不是一个问题，报纸、期刊、图书、电影、电视、网络等都是媒介，还用问吗？实际上，我们对媒介的理解有时是哲学上的，有时是基于现实的物质实体来认识的，不同的角度导致我们对媒介概念有不同的理解。

总的看来，媒介的含义有两种：一种是用于控制自然的媒介，相当于"工具"这个概念；另一种则是用于人际交往的媒介。加拿大传播学者麦克卢汉对于媒介有一句名言："媒介是人的延伸。"当麦克卢汉这样描述媒介的时候，他是把媒介作为"工具"来理解的。人身体的各部分功能通过媒介获得延伸，文字使语言的视觉功能得到超常的延伸，棍棒延伸了人体拳头的攻击功能。麦克卢汉生怕读者不理解他的媒介概念，恰当地引述了霍尔《无声的语言》中的一段话，让人们了解他所说的媒介是什么。

"今天，人实际上已经完成了他一切身体功能的延伸。武器的演变开始于牙齿和拳头，以原子弹告终。衣服和房屋是人的生物学温度调控机制。家具使人不再以蹲的姿势席地而坐。电动工具、玻璃杯、电视、电话和书籍是实体延伸的例子。书籍能使人的声音跨越时空。货币是延伸和储备劳动的方式。运输系统现在做的是过去用腿脚完成的事情。实际上，一切人造的东西都可以当做过去用身体或身体的一部分所行使的功能的延伸。"

这段话清楚地表明，麦克卢汉对媒介的理解是哲学上的，和马克思的"工具"及人类学家怀特的"符号"概念有异曲同工之妙。美国人类学家怀特、德国哲学家卡西尔等人把媒介称为符号，怀特在其《文化的科学——人类和文明的研究》一书中写道："全部人类行为起源于符号的使用，正是符号才使得我们的类人猿祖先转变为人，并使他们成为人类。"所以，符号文化学派把汽车、飞机、衣服、食品、房屋、文字、书籍等，一切人之外的所有非生命、具有实在形体的人造物，都视为人类的文化符号，而且认为符号活动是人独有的一种生存方式，人通过符号活动，达到控制自然、维持生存和繁衍后代的目的。

在怀特看来，一切符号的产生及其功能的发挥都基于技术进步，技术进步具有决定性作用，他说："技术力量因而是文化系统整体的决定力量。它决定社会系统的形态，并与社会系统一起决定着哲学的内涵和取向。这当然不是说，社会系统不能制约技术的运转，或者社会和技术系统不受哲学的影响。情况正好相反。然而，制约是一回事，决定却完全是另一回事。现在，我们已经拥有了理解文化成长与发展的钥匙——技术。""在文化系统中，至关重要的是对能量必须加以引导、利用和控制。这当然是由技术手段，由这种那种的工具来完成的。"

马克思把媒介称为"工具"，他认为，当人给人与自然界之间插入一个中介因素，即工具的时候，意味着人和自然界、动物界的分离。马克思和恩格斯高度评价人类对摩擦起火的发现，认为这是人类控制自然力的第一步。钻木所用的木棒是人类文明起步阶段的、较为原始的媒介，或者说工具。

人类活动有许多种，作为一种群体生存的生命体，交往活动是一种基本行为，所以，人在不断发明他的媒介的时候，发明了一种专门用于交往的、有史以来首次用于记录语言的符号系统——文字。在文字产生之前，人们是通过语言进行交流的，语言的历史有几十万年之久，在其漫长的进化历程中，语言随人体大脑的进化不断发展完善，直到走上用刻画符号表意的阶段，才逐步出现了各民族自己的文字体系。

所以说，那些专门用于信息传播，以达到信息互通和共享，实现人际交往的工具，才是传播学意义上的媒介。这也是传播媒介的根本属性和根本功能。这样的媒介无须承载其他功能，而主要用于人际交往，能使信息传递在人与人之间畅行无阻，以实现信息共享和共同意见的达成。

（二）文化创意产业中的媒介功能

文化创意产业是推动经济增长的新兴产业。联合国教科文组织认为，它包括文化产品、文化服务和智能产权三项内容。在我国，软件、网络及计算机服务、文化艺术、新闻出版、广告会展、广播、电视、电影均被纳入文化创意产业。媒介作为人们生活中无孔不入的组成部分，正在以难以想象的力量构建着我们的生活，同时也作为构成文化创意产业的重要组成部分，为文化创意产业贡献效益。媒介作为深刻影响我们思维和生活的要素，在推动文化创意产业的发展方面发挥着不容小觑的作用。文化创意产业中媒介的功能具体体现在以下几个方面。

1. 折射功能

媒介犹如一面"镜子"，它能折射消费者的需求，市场可根据媒介反映出来的需求创造与之对应的产品。

现今，人们的消费欲望往往是通过媒介，特别是网络传达的，而人们对文化创意产品的消费也不是纯粹的物质消费，而是包含着人们自我认知、自我肯定的一个复杂过程。而只有与消费者产生共鸣的产品，消费者才会买账。

2. 指向功能

媒介的"镜子"功能指媒介被动反映人的欲望，它需要人们发现才能产生效益。媒介的指向功能则指媒介主动作用于受众，也就是媒介不仅指引消费者如何选择文化创意产品，还指引文化创意产品如何向受众推销自己。在生产与消费这一关系中，广播、电视、互联网等现代社会主流媒体起了决定性作用。经过媒介的指引，原先并不为人知的创意产品能够很快打开市场。从这个角度来说，是媒介引导我们欣赏什么以及如何欣赏。

现在，许多电影也是媒介的极力宣传和介绍才为后来的热播创造了重要条件。而诸如变形金刚、米老鼠、奥特曼等玩具，之所以在中国热销，无一不是受到动画片热播的影响。由此可见，媒介在其中发挥了举足轻重的作用。它使得文化创意产品被消费者接受，从而为文化创意产业创造了广阔的市场。

此外，媒介指引着文化创意产品本身如何向受众推销自己。由于人们接触使用媒介的目的首先是满足自己的需要，而这种需要和社会因素、个人的心理因素有关。因此，当基本的需求得到满足时，便开始转向更高层次、更有创意的需求。当受众选择特定的媒介和内容开始使用后，人们会根据满足结果来修正已有的媒介印象，在不同程度上改变对媒介的期待。从而，媒介便会根据受众需求来推销文化创意产品。

3. 凝聚作用

在文化创意产业中，媒介起着凝聚作用。随着经济全球化的加深，我们的媒介全球化也是一个必然趋势。人们利用各种媒介为自己服务，媒介仿佛是通往宝藏的"隧道"，当然，这里的宝藏指的是上述所说的服务。媒介将各种宝藏都聚在"隧道"的彼端，这体现了媒介的凝聚作用。正是因为有了媒介，才使得海量信息能够收集获得，又因为有了海量信息，才有了利用媒介的必要性，所以两者的相互依存关系不容置疑。

媒介"隧道"作用的具体表现是人们利用媒介能将现代文化和传统文化有机结合。由于现代文化与传统文化实现了结合，人们可利用的资源变得更丰富，这样媒介的凝聚作用便能很好地得到体现。有了媒介，人们不仅可以自由往来于现代文化和传统文化之间，还可以从这些丰富的文化资源中选择自己喜欢的信息为己所用。

4. 媒介自身为文化创意产业贡献效益

出版、广播、电影、电视、网络等是文化创意产业的组成部分，它们自身也为文化创意产业贡献效益。中国报刊业作为文化创意产业的一部分，它不仅为文化创意产业贡献效益，还为我国国民经济的发展贡献力量。

从以上内容可以看出，折射、指向、凝聚和媒介自身为文化创意产业贡献效益这四大功能在文化创意产业中无不得到充分体现。文化创意产业的迅速发展和壮大离不开高度发达的媒介，媒介的作用应得到重视，以使其更好地为文化创意产业服务。

（二）文化产业与文化产业营销

一般而言，文化产业范畴的包容性较强，它和创意产业、内容产业、文化传媒业都有特定的亲缘关系。首先，文化产业是需要创意的，但创意并不是文化产业的独有特质，各个行业都需要创意的支撑。其次，文化产业本身就是内容产业，其中又以文化艺术和娱乐内容为主要产品形态。由此可见，文化产业指代的是以创意为手段、内容为核心，以文化版权交易和艺术消费为主要形态，通过企业组织方式从事文化商品生产和服务的行业与活动的总称。

目前，有关文化产业营销的研究和理论应用主要涉及产业营销的组合策略、营销的方式以及营销模式三种类别。纵观以往对文化产业营销模式的研究内容，大都直接把营销的组合策略或是营销的方式等同于文化产业的营销模式。这里主要对营销的三种研究类别做出以下区分。

第一，营销组合策略。在营销的组合策略方面，被广泛采用的是由美国专家杰罗姆·麦卡锡在其著作《基础营销学》中提出的 4P 组合策略，它是建立在实际营销的实践基础上的。该策略组合主要包括四种具体的策略要素，即产品策略（Product）、定价策略（Price）、渠道策略（Place）、促销策略（Promotion）。

4P 组合策略是一个完整营销过程中的四个环节，属于营销的基本理论。20

世纪 80 年代中期，在 4P 理论的基础上加入了公共关系策略和政治权力策略，即 6P 理论。随后，随着理论研究的深入，又出现了与 4P 理论相互补充和改进的营销组合策略。如罗伯特·劳朋特于 1990 年在其《4P 退休 4C 登场》中提出的 4C 理论。4C 理论即消费者策略、成本策略、便利策略和沟通策略，罗伯特·劳朋特对市场营销基本要素重新进行了定义，对消费者需求和期望给予了更多关注。

爱略特·艾登伯格于 2001 年在其《4R 营销》中提出了 4R 营销理论，所谓 4R 即关联策略、反应策略、关系策略以及报酬策略。随着高新技术产业的不断发展，高新技术企业、高新技术产品与服务等不断涌现，整个世界焕然一新，距离不再是消费的障碍，世界已经成为人类的"地球村"。这种背景要求企业对其营销观念以及营销方式不断丰富，进而产生了 4V 营销理论。所谓 4V 指的是差异化策略、功能化策略、附加价值策略以及共鸣策略。

第二，营销方式。营销方式是指把商品顺利销售出去的方法。其中，营销的方法是一种营销方式的外在形式，营销理念是其核心。

目前，在市场营销理论中被广泛阐述并在实践中得到应用的营销方式主要有 20 种，包括全球营销、绿色营销、网络营销、直复营销、数据库营销、定制营销、关系营销、合作营销、信用营销、安全营销、知识营销、全过程营销、整合营销、品牌营销、服务营销、文化营销、情感营销、直接营销、传销、战略营销。

虽然营销的方式有很多，根据营销活动开展的角度进行划分，可以将营销方式分为三类：一是围绕着产品自身蕴含的主价值成分进行的营销，如差异化营销、直销以及体验营销等；二是围绕产品附加的价值开展的营销，如教育营销、文化营销、品牌营销以及情感营销等；三是进行新式渠道整合的营销方式，如整合营销、网络营销等。

第三，营销模式。关于营销模式，它不是指单一的一种营销手段或者营销方式，而是综合各种营销策略和营销方式的体系。营销模式的内容主要包括营销理念、营销组织和营销手段这 3 个要素。营销理念主要体现的是企业在处理企业自身与顾客和社会三者利益方面所持的态度、思想和观念，贯穿于企业的整个营销活动；营销组织一方面表现为制造商和经销商间的组织关系，另一方面也表现为企业销售渠道的模式；营销手段主要是指企业营销过程中所采用的方式方法和手段，如广告促销等。营销理念往往对营销组织和营销手段起着指导作用。

目前，营销模式主要有三种：一是消费者导向模式；二是竞争导向模式；三是关系导向模式。上述三种营销模式虽然存在很大差别，三种营销方式之间不是处于完全孤立的状态，而是存在着许多共通之处。营销主体在选择一种营销方式时，往往要有所侧重，这样才能更全面地把握消费者、竞争者以及企业合作者之间的关系，明确自身地位，从而促进营销目标的实现。

作为企业价值观及企业文化反衬的营销模式也是不断发展变化的。因为营销模式是为市场服务的，市场发生变化势必要求营销模式做出相应的调整。营销模式在运行效果上也没有优劣之分，只要从可控性以及适应性的角度出发，能够很好地促进企业营销实践的有效完成，便是有价值的营销模式。

文化产业涉及的范围较广，且层级较多，不同类型的文化产业在企业性质、目标市场、产品类型、服务对象以及营销理念上存在着较大的差异。因此，关于文化产业的营销模式，暂时还没有一种普适性的方式。成功的营销模式要能够根据不同的营销环境、不同的运营阶段、针对不同的需要灵活性地综合运用多种营销手法，即在不同的情境下，根据侧重点的不同，选择适当的营销策略与营销方式组合并加以动态调整。

总地来讲，文化产业营销的理念在不断拓展丰富，变得更加趋向于对市场乃至生活中人际关系和社会环境的重视。在立体性和多维性更加凸显的营销视野中，文化产业的营销更应思索文化、人、市场之间的辩证关系，更应关注文化产品的特性与受众群体的自我实现之间的有机联系。而这种现实需求，便直接导向了对新媒体营销功能的深入发掘和使用层面。

二、新媒体时代媒介营销的特征

（一）新媒体媒介营销的概念

为了适应不同的传播环境，企业需要利用一些传播手段来解决企业在发展过程中所遭遇的问题，这是企业进行媒介营销的目的。但是，新媒体时代的到来改变了旧有的媒介环境、传播规律和传播形态，这使过去大众传播阶段以广告为主的媒介营销传播模式面临挑战。媒介营销传播的信息过于分散化，新媒体传播全员型传播的特征使得传播主体变得复杂化，传播信息变得海量化，企业所传递的信息很容易被淹没，以致达不到预期的效果。在新的媒体环境中，企业近乎透明化，多元的信息对企业媒介营销效果的冲击十分明显。因此，适应新的传播环境的媒介营销传播模式应运而生。

对于新媒体媒介营销的概念，陈刚做出了界定："新媒体媒介营销就是以数字技术为基础的企业的媒介传播管理。"数字技术的发展创造了新的传播环境，同时也为解决媒介营销传播问题提供了新思路和新的可能性。通俗来讲，新媒体媒介营销，就是指企业利用新媒体平台进行的新型营销，即以微博、微信等新型媒体为传播渠道，将企业相关产品的信息传递给消费者的一系列营销活动。

（二）新媒体时代媒介营销的创新特征

1. 多元化、复合式的传播接触点

新媒体时代的媒介营销必须依托新的传播平台。移动互联网技术和数字技术的高速发展带来了传播媒介和智能终端的多元化。电脑、手机、车载电视、户外显示屏等一切可以与互联网联通的端点以及微博、微信、电子商务等多样化复合式的传播媒介，都可以成为企业进行品牌营销的传播接触点。这些传播接触点不仅简单地起到信息中介的作用，更重要的是可以成为一个把消费者、产品和企业沟通起来的一个超级连接者。

多元化、复合式的传播接触点既可以最大限度地缩短企业了解到受众的需求的时间，也可以帮助企业根据不同的传播目标和渠道设计营销方案，提高媒介营销传播的效率；同时企业进行媒介营销的创新空间大大提升，多媒体、VR/AR、H5等新技术可以使企业创造更多吸引人的营销创意，进而提高媒介营销的质量。

2. 精准化、一体化的服务方式

在新媒体技术打造的数字生活空间里，企业的角色也发生了根本的转变，逐渐转型成为生活服务者，成为消费者的"街坊邻居"。因此，在新时代，对于媒介营销来讲，精准是企业成功开展营销活动的基础。企业传播的营销信息只有精准地匹配了合适的目标用户，针对具体消费人群提供精准化服务，才能更好地与消费者进行沟通，快速有效地创造更多的营销价值。

数字技术的快速发展带来了具有划时代意义的大数据技术。在媒介营销中运用大数据技术，可以帮助企业对用户使用移动终端和媒介服务的行为进行数据总结和语义分析，精准定位目标受众并了解消费者的个性特征、使用习惯和消费需求，描绘准确的用户画像，为目标受众提供个性化、精准化的产品和服务。

美国著名学者唐·舒尔茨的整合媒介营销传播理论，强调传播渠道和传播内容的整合，即所谓的"线上整合"；在新媒体时代，大数据、定位、移动支付等技术的应用，使得媒介营销更多地实现了线上传播和线下服务的一体化整合。

3. 信任化、互动化的传播关系

在媒介营销活动中需要解决的关键问题就是要建立企业和消费者之间的信任关系，而建立信任关系的一个关键因素是双方要加强互动。过去，传统的媒介营销主要是借助大众媒体来进行广告宣传，这种信息传递是单向的，企业和消费者之间无法进行及时有效的互动，企业制定相应的传播策略比较滞后。而在新媒体时代，互联网的每一个参与者都是一个信息实体，都可以自由地发送和接收信息，企业可以通过互联网充分地表达自己所希望的与社会和消费者进行沟通的内容，企业的声音可以直接传达至消费者。同时，企业还可以利用移动互联网，通过微博、微信等社交媒体平台收集消费者的反馈信息和建议，与消费者建立稳固的信任关系，使消费者对企业及其产品建立忠诚度。

另外，消费者对企业忠诚度的建立，会使作为信息接收者的消费者转化为品牌信息的传播者，消费者的传播活性被激发，他们会借助新媒体平台将产品信息主动传递给另外一些人群，形成一个又一个品牌传播的循环，形成对品牌有强大影响力的传播体系、传播网络，增加了更多目标人群对品牌的好感，企业信息传播的影响力被无限放大。因此，在新媒体时代，古老的媒介营销传播方式——口碑传播被提到了前所未有的高度。

4. 多样化、独特化的传播内容

在新型媒介营销中，除了传播渠道和传播关系发生了显著变化，传播内容也随着媒介技术的升级呈现出了新的特点。首先，传播的信息内容类型大大增加。移动终端技术的发展，为媒介营销的信息形式提供了更多的可能性。移动智能终端不仅可以传递文字、图片、视音频等视听觉信息，还可以传递诸如触觉、位置等特殊信息。企业可以根据信息的这些变化来制定相应的更新颖高效的营销策略。

其次，传播的信息其呈现方式也越来越独特化。如一些语音搜索广告技术正在不断开发和推广，移动终端"摇一摇""现实增强"影像等功能越来越丰富，把这些技术运用到企业营销中，会提升用户的体验性。

另外，新媒体时代企业进行媒介营销时，传递的信息内容更加贴合消费者的需求，更加有趣有看点，并且会即时地进行调整和完善。

三、国内文化创意产业的新媒体媒介营销趋势

新媒体营销即应用新媒体工具进行营销活动以达到商业销售目的。新媒体营销的首要特质是营销渠道与工具的新媒体化，这与现代市场营销的理念并不冲突，其核心依然像菲利普·科特勒说过的那样："满足别人并取得利润。"因此，对于文化创意产业的新媒体营销而言，文化创意产业相关产品（商品或服务、体验、产权、创意等）是被营销的对象，新媒体是营销工具，其目的是促使消费者（个人或群体组织）完成购买行为，满足自身需要。

（一）广泛的营销渠道：泛化与组合

新媒体是在数字信息技术基础上产生和发展的，保罗·莱文森将其称为"新新媒介"。与目前新媒体的"势力版图"相伴，文化创意产业新媒体营销涉及几个大的板块。

1. 大数据营销

大数据是 2013 年以来我国社会经济领域中出现的高频词汇。大数据是指不用随机分析法这样的捷径，而采用所有数据的方法。

大数据对于文化创意产业的重要意义，在于为文化创意产业的发展提供了新型的战略资源，如何充分有效地运用这一资源助推产业发展已经成为当前文化企业面临的重要课题。大数据营销是应用大数据技术的重要方面。所谓大数据营销，是指依托互联网采集某一领域产品的用户规模、用户偏好、传播渠道、消费结果等数据，在此基础上分析用户行为特征，预测市场需求及趋势，有针对性地进行产品生产和广告投放的市场营销行为。大数据营销的显著特点是精准性，其核心在于让互联网广告在合适的时间，通过合适的载体，以合适的方式，投放给合适的人。

大数据可通过互联网、移动互联网、广电网、智能电视等多平台采集，在数据来源多样化的基础上，保证数据的相对真实和全面，从而实现对目标用户的精准投放；利用大数据技术可获取用户在某段时间内的消费行为数据，对于企业经营者适时掌握市场动态，在最佳时间实施广告投放具有重要意义；利用互联网技术还可以掌握目标消费群体的终端使用情况，是用 PC 上网，还是用移动手机上网，抑或是用 iPad 平板电脑等上网，依据终端使用数据，确定广告投放载体；依据大数据技术，还可以获取目标消费群体的互联网使用习惯及行为偏好，可据此采取个性化、智能化的广告推送方式。

大数据营销是互联网时代创新营销模式的必然选择，是企业实现市场营销转型升级的重要突破口。

2. 互联网媒体营销

2014 年 1 月，海尔宣布不再向杂志投放硬广告，而是将主要广告投入转到互联网和新媒体营销上。无论该事件是否有"间接营销"的用意，它都成为一个标志性的讯号，体现着互联网营销的异军突起。在文化创意产业领域，这股营销风潮同样强劲。以我国电影产业近年来的营销实践为例，互联网媒体营销已经成为至关重要的一环。

互联网媒体营销主要指那些基于 PC 网络而实现的营销活动，其主流方式包括网站、搜索引擎、微博、电子邮箱等。经过近年来的迅猛发展，互联网媒体营销正在发挥越来越重要的作用，它裹挟着网络沟通的便利和互动特质，往往以营销成本低、效果明显而著称。

3. 移动媒体营销

移动媒体是以手机或平板电脑等移动终端设备为基础，依托网络平台实现传播的大众媒介。以手机为代表的移动媒体营销，正在深刻地影响着文化创意产业的营销策略，其营销功能已体现在短信、彩信、手机报、手机视频、手机电视、手机微博、APP 应用、二维码应用、手机网络等丰富的形式中，形成了一股"指尖上营销"的潮流。

4. 大电视媒体营销

相对于网络时代的营销方式，电视营销和纸媒营销都属于传统营销范畴。然而，目前电视媒体日趋走向与网络、多媒体、通信技术的融合。数字电视实现了从传统模拟信号向数字信号传输的变革，IPTV 则将网络与电视终端深度结合，最终形成了"大电视媒体"的格局。目前从播放终端上看，具备网络功能的电视已经成为市场主流；从内容整合上看，网络电视兼容了网络视频公司的自制内容和广电媒体的日常节目。近两年以来，小米等公司迅速推出自身的网络机顶盒或网络电视，目的在于利用自身的内容生产、集成或品牌优势，参与到当下的大电视产业之中，培养用户并开拓市场。在此过程中，电视媒体的营销功能不但没有弱化反而得到了进一步拓展。以往惯常采用的电视广告仍然被广泛使用，而植入式广告和贴片广告则随着电视内容的丰富而得到进一步发展。

5. 户外新媒体营销

户外新媒体主要包括户外电子显示屏和楼宇电视、车载电视等，目前车载媒体主要承担移动视频播放的功能，社交和互动功能尚待发掘，其营销功能主要以播放文化产品广告为主要体现形式。值得一提的是，在目前国内的文化演出宣传中，户外大屏幕营销和楼宇电视、车载电视的滚动视频宣传较为多见，其价值体现在流动人群覆盖和演出信息（演员阵容、演出规格等）的即时传播上。

概而论之，在文化创意产业的新媒体营销实践中，既有针对 PC 网络平台展开宣传推广的情况，也有针对上述板块的多个或全体进行投放的行为。前者主要体现了当下新媒体营销中可选媒介平台及方式的多样化，后者则迎合了媒介融合趋势下的信息传播需要，在传播过程中直接表现为在泛平台基础上实现的媒介组合化扩散。在此基础上，网络广告联盟从 2005 年左右开始在国内兴起，体现为搜索引擎、网站和电商等网络组织集合网络媒体资源，吸引广告商投放广告，并利用可计量的实际效果（点击、注册或购买等）获取广告收入的运营过程。

（二）视觉文化的洗礼：网络视频营销发展迅猛

文化创意产业的网络视频营销表现为文化企业或文化产品生产者以及相关社会机构通过网络视频载体将相关信息传播出去，实现影响消费者并达到营销目的的营销方式。目前我国网络在线视频的主要收入来自广告，这也意味着在线视频在大量承担着为广告主及商家宣传推广产品的服务。从 2011 年以来的国内网站的发展实际状况看，综合视听节目网站的网络广告市场占有率稳步上升，而门户网站的市场份额持续下降。一方面，目前广大网络用户的付费习惯仍未被真正培养起来，付费观看视频模式在一段时期内仍难以成为主流；另一方面，网络视频的广告功能得到了深度发掘，得到了包括文化企业在内的诸多商业组织的青睐。

网络视频广告的优异表现是近年来网民视频消费习惯推动的结果。当下网民已养成通过网络视频观看热播影视剧的观看习惯，这使得在线视频媒体的媒体价值不断提升，吸引了大批广告主的投入热情。此外，伴随着植入式广告和冠名广告以及微电影营销方式的深入拓展，网络视频的营销功能还将被进一步发掘。

参考文献

［1］王万举.文化产业创意学［M］.石家庄：花山文艺出版社，2018.

［2］贡巧丽.文化创意产品传播与推广的媒介呈现［M］.西安：电子科技大学出版社，2019.

［3］周自祥.文化创意理论生发［M］.北京：光明日报出版社，2019.

［4］翁旭青.文化创意产业与地区经济发展：以杭州市为例［M］.北京：中国时代经济出版社，2019.

［5］张向阳，王新宴，崔晓."文化创意＋"健康业融合发展［M］.北京：知识产权出版社，2019.

［6］陈凌云.博物馆文化创意产品开发研究［M］.上海：上海社会科学院出版社，2019.

［7］王宾，于法稳."文化创意＋"生态环境产业融合发展［M］.北京：知识产权出版社，2019.

［8］李柏文."文化创意＋"旅游业融合发展［M］.北京：知识产权出版社，2019.

［9］李嘉珊."文化创意＋"国际贸易融合发展［M］.北京：知识产权出版社，2019.

［10］李勇辉，刘卫江."文化创意＋"金融业融合发展［M］.北京：知识产权出版社，2019.

［11］柳杰.文化创意人才激励机制研究［M］.北京：中国传媒大学出版社，2019.

［12］曹如中，胡斌.长三角文化创意产业融合发展研究［M］.上海：上海交通大学出版社，2020.

［13］赵朝峰.文化创意人才的"树形培养模式"研究［M］.杭州：浙江工商大学出版社，2020.

［14］孙慧良，梁倩．汉字艺术在文化创意产品设计与开发中的研究［J］．家具与室内装饰，2020（12）：86-87.

［15］刘菁．关于中国传统元素在文化创意产品设计中的应用探讨［J］．今古文创，2020（41）：39-40.

［16］朱晓军，刘昕语，何倩倩．非遗文化创意文创产品设计实践研究［J］．农家参谋，2020（22）：180+197.

［17］于泳．文化创意与产品的跨界融合再设计研究［J］．明日风尚，2020（19）：53-54.

［18］谭玉辉．红色文化元素在文化创意产品设计中的运用［J］．工业设计，2020（09）：149-150.

［19］金智鹏．非物质文化遗产艺术元素在产品设计中的应用与创新［J］．艺术大观，2020（27）：60-61.

［20］吴望云．发达国家文化创意产业的有益经验与借鉴［J］．改革与开放，2020（20）：1-4.

［21］冯云超．市场经济视野下的文化创业产业发展前景研究［J］．质量与市场，2020（20）：100-102.

［22］王冰．文化创意产业在城市转型中发挥的重要作用［J］．红河学院学报，2020，18（05）：77-80.